Sé el papá que tus hijos necesitan

Libros de John MacArthur publicados por Portavoz

El andar del creyente con Cristo
Avergonzados del evangelio
La batalla por el comienzo
Cómo obtener lo máximo de la Palabra de Dios
Cómo ser padres cristianos exitosos
Cómo sobrevivir en un mundo de incrédulos
El corazón de la Biblia
De tal manera amó Dios…
La deidad de Cristo
El diseño de Dios para tu familia
Distintos por diseño
Doctrina cristiana esencial
El evangelio según Dios
La gloria del cielo
La libertad y el poder del perdón
El llamado de Cristo a reformar la iglesia
Llaves del crecimiento espiritual
Nada más que la verdad
Nuestro extraordinario Dios El Pastor silencioso
Permaneciendo fiel en el ministerio
Piense conforme a la Biblia
Los pilares del carácter cristiano
El plan del Señor para la Iglesia
Los planes proféticos de Cristo
El poder de la integridad
El poder de la Palabra y cómo estudiarla
El poder del sufrimiento
Porque el tiempo SÍ está cerca
Respuestas bíblicas para una cultura en caos (coautor)
Salvos sin lugar a dudas
Santificación
Sé el papá que tus hijos necesitan
La segunda venida
Teología sistemática (coautor)
El único camino a la felicidad

Comentario MacArthur del Nuevo Testamento

Mateo
Marcos
Lucas
Juan
Hechos
Romanos
1 y 2 Corintios
Gálatas, Efesios
Filipenses, Colosenses y Filemón
1 y 2 Tesalonicenses, 1 y 2 Timoteo, Tito
Hebreos y Santiago
1 y 2 Pedro, 1, 2 y 3 Juan, Judas
Apocalipsis

Comentario MacArthur del Antiguo Testamento

Zacarías

Sé el papá que tus hijos necesitan

John MacArthur

EDITORIAL
PORTAVOZ

La misión de *Editorial Portavoz* consiste en proporcionar productos de calidad —con integridad y excelencia—, desde una perspectiva bíblica y confiable, que animen a las personas a conocer y servir a Jesucristo.

Título del original: *Being a Dad Who Leads,* © 2014 por John MacArthur y publicado por Harvest House Publishers, Eugene, Oregon 97402. Traducido con permiso.

Traducción: Rosa Pugliese

Las cursivas en los versículos bíblicos son énfasis del autor.

EDITORIAL PORTAVOZ
2450 Oak Industrial Dr. NE
Grand Rapids, Michigan 49505 USA
Visítenos en: www.portavoz.com

ISBN 978-0-8254-5613-8 (rústica)
ISBN 978-0-8254-6408-9 (Kindle)
ISBN 978-0-8254-7929-8 (epub)

4 5 6 7 8 edición / año 32 31 30 29 28 27 26 25

Impreso en los Estados Unidos de América
Printed in the United States of America

A mis hijos: Matt, Marcy, Mark y Melinda.
Todos están caminando con Cristo
y criando a sus propios hijos en la disciplina
y amonestación del Señor.
Este es, sin lugar a dudas, el gozo más grande
que un padre puede experimentar.

Contenido

Introducción

Ninguna función es más importante o más sagrada en mi vida que mi rol de esposo y padre. Allí es donde más se ve mi verdadero carácter, y es el mayor indicador de mi éxito o fracaso en general como líder y ejemplo a seguir. El resto de las funciones que cumplo como pastor, educador, autor o líder de ministerio se verían seriamente comprometidas si no condujera a mi familia como es debido. De hecho, es una de las pruebas clave que muestra si un hombre es apto para liderar una iglesia, "pues el que no sabe gobernar su propia casa, ¿cómo cuidará de la iglesia de Dios?" (1 Timoteo 3:5). Por el contrario, si un hombre cultiva la gracia, la bondad y la mente de Cristo en su vida de hogar, naturalmente, el fruto del Espíritu se verá en abundancia en cada faceta de su vida: su desempeño laboral, todas sus relaciones y su conducta en el mundo.

Además, puesto que el hogar es donde se ve más claramente el verdadero temperamento de una persona, nadie conoce mejor el verdadero carácter de un hombre, que sus propios hijos. Ellos ven con más claridad de la que muchos de los padres pueden imaginar. Si la figura pública de un hombre no es más que una fachada hipócrita que desaparece en la privacidad del hogar, los niños serán los primeros en notarlo. De hecho, es difícil imaginar algo más destructivo que eso para el desarrollo moral y espiritual de un niño. Un padre malo, hipócrita o indiferente no es solo un ejemplo constante y permanentemente negativo; su influencia también engendra cinismo, incredulidad, desaliento, resentimiento y toda una nueva generación de hipocresía en sus propios hijos. Por esto, Dios visita "la maldad de los padres sobre los hijos hasta la tercera y cuarta generación" (Números 14:18; cp. Éxodo 20:5; 34:7).

Sin embargo, del lado positivo, nadie puede tener una influencia positiva más fuerte o duradera en la vida de un hijo, que un padre espiritualmente firme. Criar a nuestros hijos "en disciplina y amonestación del Señor" (Efesios 6:4) no solo es un deber, sino también un gran privilegio; porque "el hijo sabio alegra al padre" (Proverbios 10:1; 15:20). No hay mayor gozo en la vida, que ver a nuestros propios hijos caminar en la verdad (cp. 3 Juan 4). En otras palabras, nada merece más la inversión de tiempo y energía que *ser un líder piadoso en tu hogar*. Los beneficios que obtendrás incluyen riquezas eternas de valor inestimable y recompensas terrenales, que son más agradables y valiosas que cualquiera de las riquezas materiales.

Creo que este libro te será de ayuda y aliento para conseguir este objetivo. Por tal motivo, he tratado, deliberadamente, de que fuera breve, simple y específico. Al fin y al cabo, así son las instrucciones bíblicas para los padres. Sin duda, la paternidad es uno de los temas sobresalientes de las Escrituras, donde encontramos principios para la crianza de los hijos desde Génesis hasta Apocalipsis. Pero, al recopilarlos y organizarlos, descubrimos que los preceptos bíblicos para los padres son escasos y simples. A diferencia de muchos de los manuales modernos para la crianza de los hijos, las Escrituras no se refieren a la crianza de los hijos como un enigma misterioso y confuso. La responsabilidad de los padres es bastante sencilla y básica. Lo que hace que la paternidad *parezca* difícil son nuestras propias incongruencias y debilidades. Esto se debe a que, ante todo, la crianza de los hijos es una tarea espiritual; una tarea en la cual la rectitud moral personal, el dominio propio y la mortificación de nuestra propia carne son todos prerrequisitos necesarios para disciplinar e instruir correctamente a nuestros hijos. En resumen, la única manera de ser un papá que guíe bien a sus hijos es ser un padre que *viva* bien.

Que Dios te bendiga y te dé fuerzas en la búsqueda de este objetivo.

La responsabilidad dada al esposo [amar a su esposa] no debería tomarse livianamente. Es un llamado a pastorear, proveer, proteger y guiar. Requiere de amor, abnegación, humildad y diligencia. Por último, tiene su mirada puesta en el cielo y en el propósito de vivir cada día a la luz de esa herencia futura. Mientras tanto, descansa en la gracia de Dios con el conocimiento de que lo mejor de las relaciones humanas solo se puede disfrutar plenamente a la luz de nuestra comunión con Él.[1]

Rich Gregory

1. Rich Gregory, "Real Men Love Their Wives: Lessons from the Life of Peter", en *Men of the Word*, ed. Nathan Busenitz (Eugene, OR: Harvest House, 2011), p. 126.

Capítulo 1

El punto de partida en el liderazgo de un padre

Según el diseño y la voluntad de Dios, el esposo es la cabeza del hogar; es el líder de la familia. Las Escrituras dejan en claro que él es el único responsable del éxito matrimonial y familiar, y del bienestar de todos los que componen la familia. Su autoridad ha sido declarada desde el comienzo del tiempo en la creación, un hecho explicado por el apóstol Pablo en 1 Corintios 11, donde afirma: "el varón es la cabeza de la mujer… tampoco el varón fue creado por causa de la mujer, sino la mujer por causa del varón" (vv. 3, 8-9). En este pasaje, Pablo sostiene el concepto de la autoridad de un hombre en la familia con la aceptación del orden de la creación —primero fue creado el hombre y luego la mujer— y del hecho de que la mujer fue creada para ayudar al hombre (Génesis 2:18, 21-24).

Más adelante, en el pasaje más significativo sobre la relación matrimonial y familiar de todo el Nuevo Testamento, Pablo aborda una vez más el rol del hombre como cabeza de su propio hogar. Al escribir sobre la relación entre el esposo, la esposa y los hijos en Efesios 5:22–6:4, Pablo establece que el diseño de Dios es que "el marido es cabeza de la mujer, así como Cristo es cabeza de la iglesia" (v. 23). Después, pasa a dar instrucciones específicas sobre cómo deben cumplir los esposos su rol de liderazgo, y comienza con este importante mandamiento:

"Maridos, amad a vuestras mujeres, así como Cristo amó a la iglesia" (v. 25).

Por lo tanto, esta es la máxima responsabilidad del esposo: amar a su esposa. Con el uso del amor de Cristo por la Iglesia como su ejemplo, Pablo explica en los versículos subsiguientes cómo debe manifestarse el amor del esposo. Cada hombre debe amar a su esposa con un amor sacrificial, purificador, atento e inquebrantable, semejante al de Cristo, todos aspectos que analizaremos en el transcurso de este capítulo.

La falta de liderazgo masculino en el hogar

Sin embargo, las preguntas que muchos se hacen hoy día son las siguientes: ¿Dónde están los esposos fuertes? ¿Dónde están los esposos y padres leales, amorosos y líderes? ¿Dónde están los hombres que están dispuestos a levantarse como la columna vertebral, la estructura o la base sólida sobre la cual poder edificar un matrimonio y una familia y, a su vez, una sociedad?

Demasiados hombres viven hoy día en mundos completamente alejados de su familia. Fuera del hogar, son hombres emprendedores, que resuelven problemas y se las ingenian para encontrar todo tipo de manera innovadora de hacer dinero y obtener promociones, prestigio y respeto de las personas de su mundo exterior. Sin embargo, en el hogar, en su mayor parte, son pasivos, indiferentes e irresponsables. Aunque puede que estén presentes en el hogar, no están comprometidos activamente en la dinámica cotidiana de la vida familiar.

Con una mirada histórica-sociológica de este problema, un escritor hizo la siguiente observación:

> Una serie de sucesos históricos, que comenzó con la revolución industrial, siguió con la búsqueda

de la independencia norteamericana y el segundo gran avivamiento, y que culminó en el Victorianismo, resultó en la desvinculación de los hombres estadounidenses del verdadero rol de la paternidad y el liderazgo moral en nuestra tierra. El hombre estadounidense, que en la época colonial era el líder siempre presente de una familia unida, dejó a su familia para ir tras el encanto industrial y materialista que trajo la revolución industrial. Los miembros más numerosos y activos de la iglesia, los hombres —que comúnmente debatían sobre teología en el mercado durante la época colonial—, con el tiempo, terminaron discutiendo sobre prácticas comerciales en las tabernas. Los padres, que trabajaban duro para infundir el valor de la colaboración a sus descendientes, con el tiempo, terminaron por dar a sus hijos el ejemplo de una competencia individual ilimitada. Los hombres, que una vez enseñaban a sus hijos respeto y obediencia a toda autoridad piadosa llegaron a actuar como si la independencia fuera una virtud nacional. Los hombres, que una vez desempeñaban un papel activo en la educación de sus hijos, relegaron esta responsabilidad a un sistema de educación pública...

Con el transcurso de 150 años, desde mediados del siglo XVIII hasta el final del siglo XIX, los hombres norteamericanos abandonaron la responsabilidad que Dios les había dado del liderazgo moral y espiritual en los hogares, las escuelas y las clases dominicales de la nación. Como sociólogo, Lawrence Fuchs indica: "Se han sentado las bases para el hogar sin padre del siglo XX. A finales del

> siglo XIX, por primera vez fue social y moralmente aceptable que los hombres no estuvieran dedicados a su familia".[2]

Lo que tú tienes aquí es la desaparición del esposo y padre norteamericano —todo por lo que, inicialmente, fue un noble propósito— para darle una mejor vida a su familia. Pero al poco tiempo, el padre estaba operando en un ámbito completamente independiente de su propia familia, un mundo sobre el cual su familia sabía poco o nada. Esto ha dado lugar a cambios sutiles y no tan sutiles, que han tenido un efecto devastador sobre la familia.

Por varias razones, muchos hombres hoy día no participan activamente de la vida de su familia. Tienen que trabajar; están demasiado cansados cuando llegan a casa; tienen que hacerle algo al automóvil, jugar al fútbol con los muchachos, ir al gimnasio. De modo que no tienen tiempo para interactuar y jugar con sus hijos, ir a ver sus actividades deportivas y asistir a los programas de la escuela.

Ahora bien, podemos ver esta explicación histórica-sociológica sobre lo que les ha sucedido a los padres y decir que estos cambios tienen su raíz en la revolución industrial, la cual básicamente creó un mundo fuera del hogar. Y están aquellos que dirían que no se puede hacer mucho al respecto, que solo podemos hacer lo mejor de nuestra parte en medio de esta realidad.

Sin embargo, eso es solo parte de la situación. Es solo uno de diversos factores que han disminuido la cantidad de tiempo de los padres en el hogar. Hay otras razones también, y muchas

---

2. Weldon Hardenbrook, "Where's Dad?" en *Recovering Biblical Manhood and Womanhood*, John Piper y Wayne Grudem, eds. (Wheaton, IL: Crossway, 1991), pp. 378-379.

de estas simplemente se reducen al hecho de que el padre está tomando decisiones en su vida que lo están alejando de su familia. Sí, hay casos en que las circunstancias impiden que un padre esté en el hogar. Pero si somos sinceros con nosotros mismos, por lo general, tiene que ver con la manera en que el hombre decide priorizar su tiempo.

El resultado final es que muchos hombres no están cumpliendo su llamado bíblico en el hogar. No han hecho de la vida en el hogar una prioridad suficiente que los lleve a comprometerse con sus obligaciones más básicas como esposo y padre. La Biblia dice que el hombre es responsable de conducir su hogar, cuidar de su esposa e instruir a sus hijos. Estas responsabilidades están claramente establecidas en las Escrituras. Si no se cumplen, la familia se derrumbará. De hecho, los hombres que no cumplen el rol que Dios les ha mandado a desempeñar en el hogar, carecen de su verdadera masculinidad. La discordia matrimonial y una vida caótica en el hogar son algunos de los resultados inevitables.

Dichosamente, todavía hay hombres que se preocupan por cumplir el rol que Dios ha establecido que desempeñen en el hogar, y el hecho de que estés leyendo este libro muestra que eres uno de ellos. Mi corazón siempre se goza cuando un padre expresa el deseo genuino de vivir como un buen líder y ejemplo para su esposa y sus hijos; un deseo que está expresado en la carta que sigue a continuación:

> Saludos cordiales John:
>
> Mi adorable esposa y yo hemos estado casados durante siete años. Tenemos dos varones maravillosos. Son dos dulces muchachitos con un tierno corazón, de modo que, hasta ahora, la disciplina

no ha sido demasiado terrible. Sin embargo, esta es mi mayor preocupación: quiero que conozcan verdaderamente al Señor. ¿Estoy instruyendo correctamente como padre su tierno corazón? ¿Hay algo más que pueda hacer?

Cada día me doy cuenta de que necesitan que yo sea un hombre de Dios fuerte, especialmente en estos tiempos. Quiero que al mirarme no tengan dudas de quién es el centro de mi vida; que Jesucristo es mi Señor y mi Amo.

Sé que en el camino cometeré errores, ya que no soy más que un hombre. Pero quiero darles lo mejor de mí, poner un fundamento sólido y sembrar tantas semillas como sea posible. Apreciaría su consejo como maestro de la Biblia y papá de hijos varones. Sé que cuando mis hijos sean más grandes, podré enseñarles verdades de las Escrituras más profundas y sublimes, y espero ansiosamente que llegue ese momento. Pero la etapa de su niñez es invalorable y no quiero perderme la oportunidad de aprovechar el mejor momento de enseñarles acerca de nuestro gran Dios. Hermano, le agradezco por cualquier palabra de ayuda y aliento que me pueda dar.

La prioridad de un esposo y padre

Si queremos volver al diseño de Dios para la vida de la familia, debemos comenzar por el liderazgo del esposo en el hogar. Esto implica un liderazgo moral y espiritual, así como una seguridad emocional y física. Allí es donde empieza todo; la autoridad del hombre tiene que ver con estas cosas. No tiene que ver con alguna clase de búsqueda mística de nuestra "masculinidad interior", ni es algo que debemos averiguar por medio de un análisis psicológico o sociológico. Antes bien, está basado en ser diligente en implementar de manera sencilla y práctica los principios que se encuentran en la Biblia.

Si eres un hombre cristiano, seguramente reconoces que el éxito en tu vida de hogar es mucho más importante que el éxito en tu carrera. Esto es así, especialmente, cuando consideras qué clase de testimonio es tu vida de hogar para tus compañeros de trabajo. Deja de cuidar de tu familia y perderás credibilidad en el mundo exterior en lo que respecta a cualquier cosa que tenga que ver con la fe cristiana.

Bíblicamente hablando, tus responsabilidades como esposo y padre están antes que todo lo demás. Dios lo diseñó así, y fue Él quien creó la unión matrimonial y la familia como los primeros elementos —y los más fundamentales— de toda la sociedad humana. Cuando la familia se derrumba, la sociedad también se derrumba. Una familia fuerte —una sociedad sana— comienza con el liderazgo del esposo en el hogar.

Por lo tanto, ¿cómo es este liderazgo? ¿Cómo cumple un hombre cristiano el llamado de Dios de ser el líder del hogar? Más específicamente, ¿cómo puede conducir a su esposa y sus hijos de una manera que fortaleza la unidad familiar, bendiga a aquellos que no forman parte del hogar y le dé la gloria a Dios?

En Efesios 5:25-31, Dios establece las responsabilidades del esposo para con su esposa, y un poco más adelante, en Efesios 6:4, encontramos la instrucción divina de cómo los padres deben conducir a sus hijos. En la primera parte de este libro enfocaremos nuestra atención en esto.

Un buen líder ama a su esposa

Cuando el apóstol Pablo describió las responsabilidades del esposo cristiano para con su esposa, escribió lo siguiente:

> Maridos, amad a vuestras mujeres, así como Cristo amó a la iglesia, y se entregó a sí mismo por ella, para santificarla, habiéndola purificado en el lavamiento del agua por la palabra, a fin de presentársela a sí mismo, una iglesia gloriosa, que no tuviese mancha ni arruga ni cosa semejante, sino que fuese santa y sin mancha. Así también los maridos deben amar a sus mujeres como a sus mismos cuerpos. El que ama a su mujer, a sí mismo se ama. Porque nadie aborreció jamás a su propia carne, sino que la sustenta y la cuida, como también Cristo a la iglesia, porque somos miembros de su cuerpo, de su carne y de sus huesos. Por esto dejará el hombre a su padre y a su madre, y se unirá a su mujer, y los dos serán una sola carne (Efesios 5:25-31).

Observa dónde comienza todo: con el mandamiento, "Maridos, amad a vuestras mujeres" (v. 25). Tres versículos más adelante lo repite otra vez: "los maridos deben amar a sus mujeres". De hecho, el amor es el tema de todo este pasaje: el amor de un hombre por su esposa y el amor de Cristo por la Iglesia. Esto deja bien en claro que la máxima responsabilidad de un hombre es amar a su esposa. Eso viene primero. Todo lo demás en la vida deriva de eso.

La máxima responsabilidad de un hombre es amar a su esposa.

Si Pablo no hubiera ilustrado cómo debemos mostrar este amor, probablemente, correríamos en miles de direcciones diferentes para tratar de averiguar qué significa para un hombre amar a su esposa. Actualmente, el mundo tiene ideas confusas acerca del amor; ideas que distan mucho de la definición bíblica del amor. Los músicos han escrito incesantemente acerca del amor y las dificultades que las personas experimentan en sus relaciones. Por lo general, el amor se define como una emoción, que aparece y desaparece, que aumenta y disminuye, que oscila. Se describe como un sentimiento que hace que las personas hagan cosas que normalmente no harían. El amor, como lo plasma la música popular y la creencia secular, no es un sacrificio, un compromiso o una decisión a tomar, sino algo que *te sucede*: encuentras el amor, te enamoras locamente. Las personas hablan de esperar que llegue el amor a sus vidas. Alimentan expectativas románticas sobre el amor, que son insostenibles e irrealistas. Piensan en el amor en términos de lo que les dará, en vez de lo que el amor auténtico requiere. Casi todas las nociones sobre el amor, que fomenta nuestra cultura saturada de entretenimiento egocéntrico, se quedan cortas comparadas al amor real.

Gracias a Dios, Pablo no deja a los esposos con la incertidumbre acerca de cómo deben amar a sus esposas; sino que va directo al grano, sin rodeos. Es muy claro y específico para decir que un esposo debería amar a su esposa "así como Cristo amó a la iglesia, y se entregó a sí mismo por ella" (v. 25).

El amor de Cristo por la Iglesia es el ejemplo que el esposo debe seguir en su relación con su esposa. En otras palabras, el amor de un esposo por su esposa debe ser una ilustración viva del amor redentor de Cristo. El amor de Cristo es el modelo, el estándar eterno. El amor de un esposo por su esposa debe ser una copia exacta. Esto explica el carácter sagrado de la unión matrimonial; especialmente, la importancia distintiva del llamado del esposo. La función y las responsabilidades de los esposos terrenales han sido diseñadas por Dios, específicamente, para ilustrar el amor eterno del Novio por su Iglesia. Efesios 5:25-30 describe ese amor y vemos que se manifiesta de cuatro maneras clave.

Ama a tu esposa con un amor sacrificial

Empezamos con Efesios 5:25, que dice: "Maridos, amad a vuestras mujeres, así como Cristo amó a la iglesia, y se entregó a sí mismo por ella". ¿Qué hizo Cristo por la Iglesia? Se sacrificó por ella. Murió en la cruz por pecadores indignos, que en conjunto constituyen su novia escogida. Su amor por ellos fue completamente inmerecido, gratuito y producto de *su* iniciativa; no por algún mérito de aquellos a quienes ama; no debido a algún encanto o atractivo inherente que ellos podrían poseer y tampoco por alguna ventaja o beneficio que ellos le den a cambio. Su amor por ellos no es una recompensa que se ganaron; sino netamente un sacrificio que Él hace en beneficio de ellos. Este es el modelo que deben seguir los esposos.

En Hechos 20:28, leemos que Cristo compró la Iglesia "por su propia sangre". Romanos 5:8 dice que Jesús nos mostró su amor al morir por nosotros. Romanos 8:38-39 dice que Dios nos ama con amor eterno, inmutable; nos ama con un amor del cual nadie podrá separarnos jamás.

En respuesta al mandato hecho a los esposos en Efesios 5:25, el gran predicador victoriano C. H. Spurgeon dijo lo siguiente:

> Un esposo ama a su esposa con un amor persistente, así como hace Cristo con su Iglesia. No la abandonará mañana, después de haberla amado hoy. Su amor no cambia. Podría cambiar su manera de manifestar el amor, pero el amor en sí sigue siendo el mismo. Un esposo ama a su esposa con un amor eterno; un amor que nunca se acaba. El esposo le dice: "te amaré hasta que la muerte nos separe"; pero Cristo no dejará que ni la muerte separe a sus hijos de su amor. Nada "nos podrá separar del amor

> de Dios, que es en Cristo Jesús Señor nuestro". Un esposo ama a su esposa con un amor entrañable, un amor verdadero e intenso. No es solo un amor de la boca para afuera. Él no solo habla, sino que actúa; está gustoso de suplir sus necesidades; defenderá su carácter; vindicará su honor; porque la ama. No se deleita en ella solo con una mirada casual, sino que el recuerdo de ella lo acompaña continuamente en su alma; ella tiene una mansión en su corazón, del cual nunca es separada. Ella se ha convertido en una parte de él mismo; es miembro de su cuerpo; es parte de su carne y de sus huesos, y así es la Iglesia para Cristo por siempre, una esposa eterna.[3]

Ese es un amor realmente extraordinario, ¿verdad? El gran reto del esposo de amar a su esposa de la misma manera que Cristo amó a la Iglesia es que siempre hay lugar para crecer. El amor de Cristo es un amor perfecto y eterno, y los esposos son llamados a imitarlo. Cristo nos amó aunque éramos pecadores rebeldes y lo habíamos rechazado categóricamente. Él murió en la cruz por nosotros, donde mostró un amor sacrificial que no esperaba nada a cambio, un amor que le costó la vida. Esta es la clase de amor que Él derramó por la Iglesia, y es la clase de amor que el esposo debe tener por su esposa.

De vez en cuando, escucharás a un esposo decir: "amo demasiado a mi esposa". Pero ¿la ama tanto como Cristo amó la Iglesia? Si no, entonces no la ama lo suficiente. El amor de Cristo por la Iglesia es el modelo según el cual los esposos deberían medir su amor por su esposa, y vamos a admitirlo

---

3. C. H. Spurgeon, "A Glorious Church", sermón predicado en el Tabernáculo Metropolitano, el 7 de mayo de 1865.

sinceramente: todos nos quedamos cortos. Dada la claridad y la contundencia de este mandamiento, ningún esposo tiene derecho a sentirse orgulloso de sí mismo. Observa que las Escrituras no adaptan el estándar para compensar nuestra debilidad. Podría parecer una hipérbole, pero no lo es. El esposo es llamado a *entregarse a sí mismo* por su esposa, y el ejemplo excepcional que debemos seguir es el sacrificio inconmensurable que Cristo hizo para redimir a los pecadores. En otras palabras, no hay posibilidad de amar y sacrificarse "demasiado".

El apóstol Pedro habla de amor sacrificial también cuando dice: "Vosotros, maridos… vivid con ellas sabiamente, dando honor a la mujer como a vaso más frágil, y como a coherederas de la gracia de la vida, para que vuestras oraciones no tengan estorbo" (1 Pedro 3:7). Aquí vemos en términos muy prácticos cómo el esposo debe amar a su esposa, y podemos dividirlo en tres partes:

1. Consideración

"Vivid con ellas sabiamente". Es decir, ser sensible con ella. Tómate tiempo para suplir sus necesidades y entender qué está pensando. Pregúntale acerca de sus preocupaciones, metas, sueños, afectos y deseos. Muy simple, tómate tiempo para escucharla. Antes de poder expresarle un amor sacrificial —la clase de amor que supla sus necesidades—, necesitas saber cuáles son esas necesidades.

2. Caballerosidad

Pedro nos recuerda amablemente que nuestra esposa es "como… [un] vaso más frágil". La gente hoy podría pensar que es una declaración humillante, pero no lo es. Pedro simplemente estaba señalando que la mujer no tiene la misma clase de fuerza física que el hombre, y por consiguiente necesita su protección. Aunque tu esposa es totalmente igual a ti desde un punto de vista espiritual (Gálatas 3:28), es físicamente más débil y necesita tu provisión y tu fuerza. Suplir sus necesidades es amarla.

3. Comunión

Tu esposa es una "coheredera[s] de la gracia de la vida". Ella es tu semejante espiritual. Como tal, debes cultivar compañerismo y comunión con ella, no subyugarla. Este era un concepto extraño para la cultura greco-romana de la época de Pedro. Los esposos generalmente no se interesaban en tener amistad con su esposa, solo esperaban que se encargara del hogar y de criar a los hijos. Por el contrario, se espera que el esposo cristiano cultive un compañerismo afectivo e íntimo con su esposa, que es una de las más ricas bendiciones que podemos conocer en esta vida.

De este modo, 1 Pedro 3:7 describe aún más cómo es el amor sacrificial. Finalmente, el esposo cristiano ama a su esposa *no* por lo que ella puede hacer por él, sino por lo que él desea hacer por ella. Así es como funciona el amor de Cristo. Él nos ama no porque hay algo en nosotros que lo atrae; Él nos ama porque ha determinado amarnos a pesar de no encontrar ningún atractivo en nosotros. Él nos ama con un amor comprensivo, que busca entendernos, ayudarnos, consolarnos, dotarnos y suplir nuestras necesidades. Es un amor que no merecemos, un amor que nunca se acabará. Es un amor que persevera aun cuando le fallamos. Esta es la clase de amor que tú, como esposo, debes tener para con tu esposa.

Ama a tu esposa con un amor purificador

Segundo, el amor de Cristo por la Iglesia es un amor purificador. Efesios 5:25-28 dice que Cristo "se entregó a sí mismo" por la Iglesia "para santificarla, habiéndola purificado en el lavamiento del agua por la palabra, a fin de presentársela a sí mismo, una iglesia gloriosa, que no tuviese mancha ni arruga ni cosa semejante, sino que fuese santa y sin mancha".

Pablo está hablando aquí de un amor edificante espiritualmente, un amor beneficioso espiritualmente. Tú debes amar a tu esposa de tal manera que alientes en ella el deseo de una mayor santidad. Este amor lleva a la mujer a ser más santa y permite que brille en toda su belleza. Vemos aquí que la belleza más auténtica, más fina y más duradera de una mujer no es la externa, sino más bien la interna. La santidad es la que la hace genuinamente bella y pone de manifiesto la obra de Dios en su corazón. Primera de Samuel 16:7 contrasta la belleza externa con la interna cuando dice: "el hombre mira lo que está delante de sus ojos, pero Jehová mira el corazón". Por consiguiente, se exhorta a las mujeres a no preocuparse tanto por los adornos que realzan sus encantos físicos, sino por embellecer a la persona interior. En 1 Pedro 3:3-4 se les dice: "Vuestro atavío no sea el externo... sino el interno, el del corazón".

Por esa razón, una de las mejores maneras en que tú, como esposo, puedes mostrar amor por tu esposa es al conducirla a una virtud cada vez mayor. Anímala a buscar la santidad de la misma manera que Cristo busca santificar a la Iglesia "a fin de presentársela a sí mismo, una iglesia gloriosa, que no tuviese mancha ni arruga ni cosa semejante, sino que fuese santa y sin mancha" (Efesios 5:27). El mayor deseo de Cristo por la Iglesia es presentarla en todo su glorioso esplendor sin mancha o impureza.

Efesios 5:26 nos dice que esa limpieza tiene lugar "en el lavamiento del agua por la palabra". En otras palabras, la Palabra de Dios tiene un efecto purificador en nuestra vida. Salmos 119:9 nos dice que si queremos mantener nuestra vida pura, debemos vivir conforme a su Palabra. De modo que tú, como esposo, debes asegurarte de que tu esposa esté continuamente expuesta a la Palabra de Dios para que ella pueda permanecer santa y sin mancha. Eso puede constar de escuchar la predicación de las Escrituras durante el servicio del domingo, participar de un estudio bíblico y animarla a leer libros o escuchar mensajes que contengan una sólida instrucción bíblica.

Esto también significa no conducir a tu esposa al pecado o exponerla a la iniquidad. No hables o actúes de manera que pueda amargarla, enojarla o exasperarla. No la estimules intencionalmente de manera que la lleve a responder de manera pecaminosa. Si realmente amas a tu esposa, detestarás todo aquello que la contamine. Harás todo lo posible para proteger y preservar su pureza. El esposo que ama, como Cristo, solo busca presentar a su novia gloriosa y dignificada. Procura honrarla. Este es un elemento fundamental de tu rol como líder espiritual de tu hogar.

Ama a tu esposa con un amor atento

Tercero, Pablo dice que el amor de un esposo por su esposa debe ser un amor atento: "los maridos deben amar a sus mujeres como a sus mismos cuerpos. El que ama a su mujer, a sí mismo se ama" (Efesios 5:28).

¿Qué significa exactamente amar a tu esposa como a tu propio cuerpo? Pablo está presentando un concepto simple aquí: generalmente, somos bastante buenos para cuidar de nuestro propio cuerpo. Cuando estamos enfermos, descansamos y hacemos lo necesario para mejorarnos. Cuando tenemos hambre, comemos. Cuando tenemos sed, satisfacemos nuestra sed. Cuando estamos transpirados o sucios, nos lavamos. Generalmente, estamos bastante motivados con todo lo que tiene que ver con nuestra alimentación, nuestra vestimenta o nuestra comodidad. Somos prontos para atender nuestras propias necesidades. Y Pablo está diciendo que debemos tratar a nuestra esposa con el mismo nivel de cuidado que nos dedicamos a nosotros mismos.

Los próximos versículos nos llevan a un punto crucial: "Porque nadie aborreció jamás a su propia carne, sino que la sustenta y la cuida, como también Cristo a la iglesia, porque somos miembros de su cuerpo, de su carne y de sus huesos" (vv. 29-30). Cuando te casaste con tu esposa, los dos se convirtieron en una sola carne. Entonces, por eso Pablo escribe: "Por esto dejará el hombre a su padre y a su madre, y se unirá a su mujer, y los dos serán una sola carne" (v. 31). En la relación matrimonial, tú y tu esposa son uno. Y en la salvación, tu esposa es uno con Cristo. De modo que, en un sentido muy real, tú tratas a tu esposa de la misma manera como tratas a Cristo. Si no amas a tu esposa de manera atenta, entonces no cuidas de ti mismo y no amas a Cristo como deberías.

Si quieres que tu matrimonio sea bendecido, debes cuidar de tu esposa.

Si quieres que tu matrimonio sea bendecido, debes cuidar de tu esposa. Cuando te enteras de que ella tiene una necesidad, deberías tratar de suplirla. Cuando sabes que ella tiene un anhelo en su corazón y es un deseo razonable que contribuirá a su virtud y bienestar, deberías hacer todo lo posible por cumplirlo. Tu esposa es un tesoro que Dios te ha dado, la cual debes cuidar, sustentar y proteger. Así es exactamente como Cristo cuida de su Iglesia.

Vuelve a leer Efesios 5:29 y observa los dos términos "sustenta" y "cuida". En el texto original griego, la palabra "sustenta" es un término usado principalmente para hablar de criar a los hijos. Es la misma palabra que Pablo usa un poco más adelante en Efesios 6:4: "Y vosotros, padres... criadlos [hijos] en disciplina y amonestación del Señor". Normalmente, pensamos en términos de sustentar a nuestros hijos, pero en Efesios 5:29, Pablo dice que debemos sustentar o cuidar a nuestras esposas. Como esposo, tú eres responsable de sustentar a tu esposa para que ella, a cambio, pueda sustentar eficientemente a los hijos en el rol que Dios le ha dado como madre.

Después, la palabra griega que se traduce "cuidar" significa "abrigar con el calor del cuerpo". A veces se traduce como "enternecer". Se usa para un ave mamá que apremia a su hijos a acercarse a ella para que pueda mantenerlos abrigados y seguros. En el contexto de los esposos, Efesios 5:29 está diciendo que debemos apoyar y cuidar de nuestras esposas de una manera que las haga sentir amadas y seguras. Es un reto hacer esto en un mundo que enseña a las mujeres a ser duras e independientes. Y se requiere de una gran cantidad del liderazgo espiritual de un hombre para dar abrigo, fuerza y seguridad a su esposa. Como esposo, esa es tu responsabilidad.

El esposo como el proveedor

Volviendo a la analogía de que tú como esposo debes amar a tu esposa como Cristo amó a la Iglesia, ¿has notado alguna vez que es Cristo el que hace toda la tarea de suplir? Él es quien sustenta, protege y guarda. Nada se dice de la Iglesia en cuanto a que le dé a Cristo algo a cambio. De la misma manera, tu amor por tu esposa debe ser un amor desprendido. Cristo no amó a la Iglesia con la expectativa de recibir algo a cambio, y esa es la clase de amor que debes tener como esposo. Así como Cristo es el proveedor para su Iglesia, tú debes ser el proveedor para tu esposa.

En este momento podrías estar diciendo: "Bueno, tendría que sacrificar mi carrera para hacer eso". Entonces sacrifica tu carrera. O deja de lado cualquier cosa que te esté impidiendo amar a tu esposa como deberías. Tal vez no seas promovido tantas veces o tan alto como te gustaría. O tal vez no tengas la oportunidad de perseguir tanto algunos de tus objetivos o placeres personales. Pero, al final, serás tan recompensado por la dicha de vivir conforme al diseño de Dios para el matrimonio, que descubrirás que valió la pena haber renunciado a cualquier cosa.

La dificultad de ser el proveedor

Las Escrituras dejan en claro que, desde el principio, el diseño de Dios ha sido que el esposo sea el proveedor. Sin embargo, este rol ha sido más difícil a partir de que Adán y Eva cayeran en pecado. ¿Recuerdas la maldición que Dios pronunció como resultado de su desobediencia? Dios le dijo a Eva que ella daría a luz con dolor. Luego le dijo a Adán: "maldita será la tierra por tu causa; con dolor comerás de ella todos los días de tu vida... Con el sudor de tu rostro comerás el pan" (Génesis 3: 17, 19). En otras palabras, de allí en adelante, la tarea de ser el proveedor demandaría un duro trabajo. La maldición fue un golpe directo a la responsabilidad del hombre de ser el proveedor, así como un golpe directo a la responsabilidad de la mujer de dar a luz los hijos.

Esto nos muestra que el trabajo del esposo como el proveedor no es fácil. De hecho, es tan difícil que solo puede cumplirse mediante el poder del Espíritu y una vida transformada. Como dice Efesios 5:30: si eres cristiano, eres miembro del Cuerpo de Cristo. Eres uno con Cristo, y el Espíritu habita en ti. Y al caminar en el poder del Espíritu y rendirte a su Palabra y el control de Dios, podrás cuidar de tu esposa de la misma manera que Cristo cuida de su Iglesia.

Ama a tu esposa con un amor inquebrantable

La cuarta característica del amor de un esposo por su esposa es que debe ser un amor inquebrantable. En Efesios 5:31, Pablo citó Génesis 2:24 y escribió: "Por tanto, dejará el hombre a su padre y a su madre, y se unirá a su mujer, y serán una sola carne". El matrimonio es la unión de un hombre y una mujer que dejan a sus padres y forman una nueva unión con una identidad única totalmente propia. Son dos vidas que se vuelven una.

¿Qué quiere decir la frase "una sola carne"? La referencia principal es a la unión sexual entre el esposo y la esposa, que es la evidencia más obvia de que los dos han llegado a ser uno. Esto les permite engendrar hijos que lleven los rasgos genéticos de ambos, lo cual hace de los hijos un emblema de la unidad entre un esposo y una esposa.

Sin embargo, el concepto de relación de una sola carne es mucho más amplio. En 1 Corintios 6:15, Pablo escribió: "¿No sabéis que vuestros cuerpos son miembros de Cristo?". La unión del creyente con Cristo, desde luego, es *espiritual*, no física. Sin embargo, el apóstol dice expresamente que en tal unión incluso los cuerpos físicos de los cristianos básicamente se convierten en "miembros de Cristo": un cuerpo. De hecho, sigue diciendo que cualquier pecado sexual que el creyente comete es una profanación a Cristo: "¿Quitaré, pues, los miembros de Cristo y los haré miembros de una ramera? De ningún modo. ¿O no sabéis que el que se une con una ramera, es un cuerpo con ella? Porque dice: Los dos serán una sola carne" (vv. 15-16). Obviamente, entonces, las ideas de unión espiritual e intimidad física están estrechamente ligadas. Esto sugiera que la frase "una sola carne" tiene que ver con mucho más que tan solo la intimidad sexual.

Verdaderamente, el matrimonio es una fusión entre dos almas, no simplemente la unión de dos cuerpos. La unión física ilustra y ejemplifica la realidad plena de lo que significa el matrimonio; pero de ninguna manera disminuye la importancia de que los dos llegan a ser uno. El matrimonio, como Dios lo diseñó, no es solo la unión de dos personas en la intimidad física; sino que también es la unión del corazón y la mente de la pareja. Esta realidad plena implica una unión espiritual que abarca cada aspecto de la vida.

Cuando un hombre y una mujer llegan a ser uno en matrimonio, entablan una relación personal única, íntima e integral. Toda su identidad se redefine. Renuncian a su autonomía personal (y a cada aspecto independiente o egocéntrico de su identidad individual), porque ahora son uno con otra persona. En realidad, no se pierde nada de valor en la unión; ambos cónyuges ganan enormemente al estar unidos uno con el otro. Así que "lo que Dios juntó, no lo separe el hombre" (Mateo 19:6). Por eso Dios aborrece el divorcio; porque separa lo que ha sido diseñado para que sea una relación indisoluble, indivisible de una sola carne (Malaquías 2:16).

Una unión permanente

Efesios 5:31 cita textualmente Génesis 2:24. La traducción Reina-Valera de ese versículo es conocida, porque normalmente se menciona en las ceremonias de boda tradicionales. "Por esto dejará el hombre a su padre y a su madre, y se unirá a su mujer, y los dos serán una sola carne". Jesús cita el mismo versículo de Génesis en Mateo 19:5. La palabra "unirá" habla de la permanencia de la unión matrimonial. Es la palabra griega *proskollao*, que significa "estar pegado o cementado; aferrado". Un esposo y una esposa están unidos en una unión que no es solo física, sino también incluye la unidad de la mente, unidad del corazón y unidad del propósito. En la unión matrimonial, los cónyuges se unen en una magnífica intimidad personal, que es diferente a otra clase de relación terrenal.

Una unión de perdón

Durante todos mis años en el ministerio, he escuchado a mujeres decir: "Quiero mantener mi matrimonio unido, pero es difícil vivir con este hombre". Y he escuchado a hombre decir: "Quiero seguir casado, pero no sé si puedo seguir viviendo con esta mujer".

Si un matrimonio ha llegado a este punto, frecuentemente es porque el esposo, la esposa o ambos han dejado de practicar el perdón en su relación. Cuando uno o ambos esposos se mantienen en un estado de constante falta de perdón, la frustración de uno para con el otro se acumula, y eso, a la vez, produce una tirantez cada vez mayor.

Pero considera esto: ¿Cuántas veces te ha perdonado el Señor? ¿Acaso no es todos los días? Su amor por ti nunca cambia. Aun cuando sucumbes a la tentación y caes en pecado, sigues siendo la esposa que Él ha escogido. Y cuando confiesas tus pecados "él es fiel y justo para perdonar nuestros pecados, y limpiarnos de toda maldad" (1 Juan 1:9). Nada te podrá separar del amor de Cristo (Romanos 8:38-39).

Esta es la clase de perdón lleno de amor y gracia que debemos practicar en la relación matrimonial. Efesios 4:32 nos manda a ser "benignos unos con otros, misericordiosos, perdonándoos unos a otros, como Dios también os perdonó a vosotros en Cristo". Nosotros, a quienes Dios nos ha perdonado tanto, deberíamos estar mejor dispuestos a perdonar las ofensas relativamente menores de otros, especialmente de nuestra esposa.

Con eso en mente, ¿cuántas veces debemos perdonarnos unos a otros? Jesús dijo "setenta veces siete" (Mateo 18:22): lo que Él quiere decir es que *siempre* deberíamos estar dispuestos a perdonar, sin límite. Tú eres llamado a amar a tu esposa con un amor inquebrantable, que la siga perdonando sea lo que sea. En el matrimonio, ustedes son una sola carne para toda la vida. ¿Puede un hombre abandonar a su esposa? Déjame responderte con otra pregunta: ¿Puede Cristo abandonar a su Iglesia?

La clave de la verdadera felicidad matrimonial

En Efesios 5:25-31, vemos que un esposo debe amar a su esposa con amor sacrificial, un amor purificador, un amor atento y un amor inquebrantable. Y el ejemplo de ese amor, que debemos seguir, es el del mismo Señor Jesucristo. Eso nos trae a este punto: la unión matrimonial entre un hombre cristiano y una mujer cristiana es un retrato de la unión entre Cristo y su Iglesia. Por eso debemos tratar la relación matrimonial con gran reverencia; es un símbolo sagrado de la relación de Cristo con su Iglesia. Dios diseñó que el matrimonio sea una unión permanente e inquebrantable, que revele al mundo el amor de Cristo por su Iglesia.

Sin embargo, ningún esposo puede mostrar por su esposa un amor como el de Cristo sin el poder del Espíritu. Cuando andamos en el Espíritu (Gálatas 5:16) —es decir, cuando nos rendimos humildemente al Espíritu y confiamos que Él nos da poder para vivir en obediencia a los mandatos de las Escrituras—, manifestamos el fruto del Espíritu, que incluye amor, gozo, paz, paciencia, benignidad, bondad, fe, mansedumbre, templanza (vv. 22-23). Cuando vives bajo el control del Espíritu y te consagras a vivir humildemente la Palabra de Dios, recibes poder para amar a tu esposa de la manera que Dios te ha llamado a amarla. Y experimentas en tu matrimonio el romance y el gozo duraderos que para muchas personas es muy difícil.

Cuando conduces en amor y aprecias a tu esposa de la misma manera que Cristo amó a la Iglesia, tu relación matrimonial puede experimentar la plenitud de todo lo que Dios ha diseñado para el matrimonio. Cuando cumples tu rol como un líder amoroso en tu hogar, tu matrimonio prospera y tu esposa se deleita en cumplir su rol en la relación. Y cuando tus hijos ven que su padre y su madre están comprometidos a vivir el diseño de Dios para el matrimonio, pueden experimentar la estabilidad y la seguridad que viene de un entorno saludable en el hogar. Son ricamente bendecidos, y Dios recibe el honor y la gloria cuando las personas que los rodean ven que viven el plan perfecto de Dios para el matrimonio.

Deberíamos provocar en nuestros hijos la impresión de que la cosa más maravillosa del mundo es el cristianismo; y que no hay nada en la vida comparable a ser un cristiano.[4]

MARTYN-LLOYD JONES

4. Martyn-Lloyd Jones, *Life in the Spirit in Marriage, Home and Work—An Exposition of Ephesians 5:18 to 6:9* (Grand Rapids: Baker, 1974), p. 301.

Capítulo 2

Cómo criar a tus hijos en el Señor: Parte 1

Cuando consideramos la enorme cantidad de trabajo que incluye criar a un hijo desde el nacimiento hasta la edad adulta, sería fácil suponer que, tal vez, la Biblia daría un amplio conjunto de instrucciones sobre cómo criar bien a nuestros hijos. Después de todo, se han escrito miles de libros sobre la crianza de los hijos. Hay numerosos ministerios y programas de difusión dedicados a dar orientación sobre la vida matrimonial y familiar. Hay una cantidad incalculable de expertos, que ofrecen consejos sobre métodos para la crianza de los hijos, que si se siguen, afirman dar lugar a una familia feliz. Y sin embargo, muchas de las tendencias y técnicas para la crianza de los hijos que hoy son populares, mañana serán reemplazadas rápidamente por todo un nuevo conjunto de tendencias y técnicas. Todo esto puede hacer que los padres se sientan abrumados al tratar de estar al corriente de lo que la cultura dice que deben hacer por sus hijos.

Sin embargo, cuando vamos al Nuevo Testamento, encontramos que el pasaje que aborda con mayor profundidad el patrón de Dios para la vida matrimonial y familiar ofrece una exhortación para los padres sumamente simple. De hecho, el apóstol Pablo resume la esencia de todos nuestros esfuerzos en la crianza de nuestros hijos en un solo verso: "Y vosotros, padres, no provoquéis a ira a vuestros hijos, sino criadlos en disciplina y amonestación del Señor" (Efesios 6:4).

No permitas que la sencillez de esa declaración te engañe. Como pronto veremos, constituye la misma clave de todo lo que necesitamos saber sobre la crianza de los hijos. Aunque, desde luego, hay otros principios sabios para la crianza de los hijos que nos podrían resultar útiles a la hora de enseñar a nuestros hijos, esta instrucción nos marca la pauta principal para todo lo que hacemos como padres. Cada aspecto del desarrollo de nuestros hijos está afectado por nuestra fidelidad y atención en aplicar Efesios 6:4 en sus vidas.

No estoy diciendo que la crianza de los hijos sea una tarea sencilla; porque no lo es. Es una responsabilidad seria y retadora. Requiere de mucho tiempo y sacrificio personal, y hay altos costos que pagar. Cuando nuestros hijos son pequeños, requieren de atención y cuidado constante. Cuando crecen y son más independientes, siguen necesitando nuestra supervisión y participación en su educación y sus actividades. Por ejemplo, necesitamos darles dirección en los asuntos espirituales, la elección de sus amistades, el uso sabio del dinero y su proceso de maduración.

Las dos mayores presiones que los padres enfrentan

Nuestras responsabilidades como padres son aún más difíciles debido a dos grandes obstáculos que debemos sortear. Puesto que estos obstáculos son tan retadores, los veremos detenidamente antes de comenzar nuestro estudio de Efesios 6:4.

La presión externa de la cultura

La primera presión que enfrentamos como padres es externa; la que ejerce sobre nuestra familia nuestro entorno cultural. En otro tiempo, la vida estaba centrada, mayormente, en el hogar y el mundo exterior tenía una influencia más bien mínima sobre los hijos. Ya no es así.

Solía ser que, anteriormente, los miembros de una familia pasaban mucho tiempo juntos. La mayor parte de sus actividades giraba alrededor del hogar. Las comidas, las actividades y la participación en la iglesia y la escuela se hacían, mayormente, juntos. Los padres eran la influencia predominante en la vida de sus hijos. Eran la principal fuente de información y podían controlar cuán expuestos estaban los hijos al mundo exterior. Se aseguraban de que lo que sus hijos aprendían fuera apropiado para la edad y la capacidad de los niños de entender ciertos asuntos. En otras palabras, la exposición de los hijos era controlada y eso era algo bueno.

Sin embargo, hoy día no es así. Neil Postman, el fallecido catedrático y presidente del departamento de artes de las comunicación de la Universidad de Nueva York, escribió sobre esto en su libro *La desaparición de la niñez.*[5] La tesis que presentó Postman es la idea de que la niñez, como un período único de desarrollo humano, está desapareciendo.

Entre las observaciones de Postman, por ejemplo, se encuentra la diferencia en la ropa que usan los niños, que ahora es muy parecida a la de los adultos. Los niños quieren vestirse según el último grito de la moda, que ven en sus padres y otros adultos.

Los juegos de niños también han cambiado. Antes los niños solían inventar sus propios entretenimientos y jugaban juntos. Los niños jugaban solo para divertirse y, por lo general, los juegos eran la expresión de la maravillosa imaginación de la niñez.

Pero eso ha cambiado. Por ejemplo, hoy día, muchos de los juegos deportivos de los niños son copias de los juegos de

---

5. Neil Postman, *The Disappearance of Childhood* [*La desaparición de la niñez*], (Nueva York: Delacorte Press, 1982). Publicado en español por el círculo de lectores de Barcelona, 1988.

adultos, con toda su organización estructurada, tarifas especiales y equipamientos sofisticados. Muchas veces, estos juegos no son para que los niños se diviertan, sino para alimentar el ego de los padres, los entrenadores y otros adultos que participan de la actividad. Y cultivan una atmósfera predominante de competitividad, que pone gran presión para que los niños ganen y no solo se diviertan.

Después, está todo el asunto de los juegos electrónicos, muchos de los cuales consumen una enorme cantidad de tiempo y son costosos. Frecuentemente, estos juegos se juegan solo, lo cual significa menos interacción con otros niños.

En el pasado, la sociedad solía sostener la idea de que se debía proteger a los niños. Se les debía enseñar y cuidar de acuerdo a lo que fuera apropiado a su edad. Se les daba información medida, que no los expusiera prematuramente a un conocimiento que no estaban preparados para recibir. Había ciertas cosas que se ocultaban a los niños, porque no estaban preparados para asimilarlas.

Pero todo eso ha cambiado; inicialmente, con la radio y la televisión, y aún más con la Internet y los medios de comunicación. Ahora los niños están expuestos a toda clase de ideas e información, sin ningún miramiento de si pueden manejarla. Lo mejor y lo peor de lo que la sociedad tiene para ofrecer es demasiado accesible y fácil de conseguir.

En *La desaparición de la niñez*, Postman observó que la televisión no tiene diferencias de accesibilidad. Es decir, que no hace ninguna distinción entre un adulto y un niño. Lo mismo sucede con la Internet. Tanto la televisión como la Internet tienen una influencia predominante sobre nuestros hijos, y los expone a un contenido que nosotros como padres no queremos que vean.

Los niños solían ser inconscientes e inocentes con respecto

a ciertos asuntos de la vida. Pero esa inocencia se ha perdido en medio del contexto electrónico de hoy día. Los niños están expuestos a ideas y contenidos que su mente y sus emociones no están en condiciones de manejar. Y bajo el ataque de este mundo corrupto con sus conceptos y deseos erróneos, y con sus obras y conductas incorrectas, los hijos están bajo toda clase de influencia negativa que termina por producir serios problemas en el hogar.

Vemos confirmación de todo esto en las estadísticas delictivas. Allá en 1950, los adultos cometían graves delitos con una proporción de 215 veces la cantidad de delitos graves cometidos por niños de 14 años o menores. Durante todo ese año, 170 niños fueron arrestados por delitos graves. En porcentaje, los niños cometieron solo el 0.0004% de todos los delitos graves.[6]

Entre 1950 y 1960, hogares de todos los Estados Unidos compraron su primera televisión. Y a medida que este medio de comunicación electrónico empezó a ejercer influencia, notamos que, en 1960, los delitos graves que cometían los adultos solo tenían una proporción de 8 veces la cantidad de delitos graves que los niños cometían. En solo diez años, la proporción pasó de ser de 215 a 1, a ser de 8 a 1. En 1979, la proporción era de 5.5 a 1. Y eso solo de delitos graves. Durante el mismo período de tiempo, hubo un incremento del 8300% en ofensas menores cometidas por los niños.[7] En la actualidad, escuchamos todo el tiempo acerca de niños que son arrestados por delitos graves a una edad cada vez menor; delitos como asaltos a bancos, violaciones e incluso asesinatos en primer grado.

Todo esto ha sucedido porque nuestros hijos viven en una sociedad cuyo contexto psicológico y social ha disminuido

---

6. Ibíd., p. 134.
7. Ibíd.

las diferencias entre los adultos y los niños. A medida que el mundo de los adultos se abre a los niños de todas las maneras imaginables, inevitablemente los más jóvenes imitan cada vez más a los adultos, tanto en lo bueno como en lo malo.

Esto es lo que ha sucedido también con la inmoralidad y las adicciones de los adultos. El embarazo adolescente se ha disparado y el uso del alcohol y las drogas se ha propagado no solo entre los adolescentes, sino también entre los preadolescentes. Leemos continuamente acerca de niñas de apenas 12 o 13 años, que están dando a luz, y acerca de niños que ni siquiera tienen diez años, que están usando alcohol o drogas. Todo se debe a que nuestros hijos están demasiado expuestos a influencias inapropiadas para ellos.

Esto nos da alguna idea de los retos que los padres enfrentan con respecto a las influencias externas culturales que pueden ser dañinas para sus hijos.

La presión interna de la naturaleza humana caída

Toda esa presión externa sobre nuestras familias se agrava aún más por las presiones internas que vienen del interior mismo de nuestros hijos. Aunque puede que nuestros hijos inicien la vida con cierta cantidad de ignorancia e ingenuidad con respecto a ciertos asuntos, no nacen inocentes en cuanto a la maldad. Nuestros hijos nacen pecadores, y la semilla de todo pecado conocido está plantada en lo profundo del corazón de cada niño.

La opinión común es que si nosotros, como padres, no hacemos nuestro trabajo, nuestros hijos podrían terminar mal en la vida. Pero lo cierto es que nuestros hijos *ya* comienzan mal desde el nacimiento. El problema no es que se descarríen espiritualmente y pierdan la moral cuando son grandes. Sino más bien, es que el impulso a pecar ya está integrado a su naturaleza como seres humanos caídos. Los niños no vienen al mundo buscando a Dios y su justicia. Antes bien, desde el nacimiento buscan la gratificación de sus deseos pecaminosos. Si se les da la oportunidad, los niños darán expresión a estos deseos. La inclinación natural de los seres humanos, desde que nacen, es pecar. Como dice Romanos 3:11-12: "No hay quien busque a Dios… No hay quien haga lo bueno, no hay ni siquiera uno".

Cuando escuchamos acerca de asesinatos en masa, pedofilia, violadores y personas que manifiestan un comportamiento delictivo crónico, a menudo la pregunta que nos hacemos es: "¿Qué hicieron los padres cuando eran niños ?". La suposición es que todos los delincuentes peligrosos se criaron en un entorno de maltrato. Y aunque podría ser verdad, el problema no es tanto lo que *hicieron* sus padres, sino lo que *no hicieron*.

La inclinación natural de los seres humanos, desde que nacen, es pecar.

Aquellos que se vuelcan a una vida delictiva, lo hacen simplemente porque están siguiendo el curso natural de su naturaleza pecadora. Cuando los padres no disciplinan a sus hijos y no los castigan por sus malas acciones, abren la puerta para que sus hijos den total expresión a la perversión que ya mora en ellos. Esto es lo que puede pasar cuando hay falta de una correcta instrucción e influencia paternal, así como falta de la clase de guía espiritual que llevaría a los hijos a arrepentirse del pecado y recibir a Cristo como su Salvador.

La Biblia no avala la noción de que los niños nacen inocentes. Por ejemplo, en Salmos 58:3-4 leemos: "Se apartaron los impíos desde la matriz; se descarriaron hablando mentira desde que nacieron. Veneno tienen como veneno de serpiente". No se refiere a una subclase reprobada de la humanidad, a quienes la Biblia designa especialmente "impíos". Está describiendo el estado de toda la raza después de la caída de Adán. "El intento del corazón del hombre es malo desde su juventud" (Génesis 8:21). "No hay justo, ni aun uno" (Romanos 3:10). "Por cuanto todos pecaron, y están destituidos de la gloria de Dios" (v. 23). "Ciertamente no hay hombre justo en la tierra, que haga el bien y nunca peque" (Eclesiastés 7:20). "Si decimos que no tenemos pecado, nos engañamos a nosotros mismos, y la verdad no está en nosotros" (1 Juan 1:8).

Aun las personas más respetables, que tienen principios, son personas caídas y culpables y tienen el potencial de toda clase de maldad en su corazón. En el Salmo 51:5, el rey David dijo: "He aquí, en maldad he sido formado, y en pecado me concibió mi madre". David no estaba diciendo que era un hijo ilegítimo; estaba declarando que desde el momento de la concepción era un pecador. Era la confesión de un hombre culpable que estaba total y completamente pervertido. Su misma naturaleza estaba inclinada al pecado.

En pocas palabras, los seres humanos son impíos desde el momento que salen del vientre. Son mentirosos de nacimiento. Y sus palabras y acciones son venenosas como veneno de serpiente.

Proverbios 22:15 dice: "La necedad está ligada en el corazón del muchacho; mas la vara de la corrección la alejará de él". En otras palabras, la necedad ya es parte de la naturaleza de nuestros hijos. Está ligada en sus corazones. Como padres, nuestra tarea es instruir, amonestar y disciplinarlos de tal manera que aprendan a hacer lo bueno y rechacen el impulso interno y carnal a hacer lo malo.[8]

Entender la perversión total de tus hijos es fundamental

---

8. El asunto de cómo disciplinar mejor a nuestros hijos ha despertado mucha controversia hoy, particularmente con respecto a si los padres pueden disciplinar físicamente a sus hijos. ¿Cómo es la disciplina bíblica? Para más orientación al respecto, ver mi artículo "Parenting in an Anti-Spanking Culture" en el sitio web Grace to You en http://www.gty.org/resources/articles/A216/Parenting-in-an-AntiSpanking-Culture.

para ayudarlos a tener una vida recta. Mientras sea posible, trata de ejercer cierto control sobre tus hijos, enséñales las virtudes morales y castígalos por su mala conducta; al fin y al cabo, lo que quieres hacer es verlos pasar de las tinieblas a la luz. Quieres ver su corazón transformado por Cristo, para que en vez de amar el pecado, amen la justicia. En vez de querer ceder a sus malos deseos, quieran dar expresión a lo que honra a Dios.

Por eso muchos de los asuntos prácticos de la crianza de los hijos —tales como la clase de horarios que les pones para la siesta y la hora de ir a la cama— realmente son de mínima consecuencia. No hay método de horarios, técnicas de enseñanza o programas de desarrollo, que despoje a tus hijos del pecado de su corazón. En todo lo que hagas como padre, enfócate en guiar a tus hijos a la gracia transformadora de Jesucristo. Dios no nos ha dado pequeños ángeles para cuidar atentamente y evitar que se perviertan. Ellos ya son pecadores, y necesitan ser guiados a la salvación y la fe en Cristo.

Incluso, en cierta medida, el mundo secular se da cuenta de que los niños son propensos a escoger lo malo por sobre lo bueno. Y ¿cuál es la respuesta de los psicólogos, los pedagogos, los educadores y otros expertos seculares? Dicen que el problema es que nuestros hijos no tienen suficiente autoestima. Necesitan verse como personas buenas, nobles y maravillosas. Necesitan pensar mucho mejor de ellos mismos. Por lo tanto, cuando los niños hacen algo malo, no deberíamos decirles que son culpables o castigarlos. En cambio, deberíamos alentarlos y decirles: "Necesitas amarte y aceptarte a ti mismo tal como eres".

Pero esa técnica solo echa gasolina al fuego, porque los niños ya tienen una inclinación al pecado; incluso la tendencia a un narcisismo pecaminoso. Avivar su ego caído solo los alienta a sucumbir a sus propias inclinaciones destructivas y a hacer todo aquello que los haga sentir bien. En vez de alentar a nuestros hijos a crecer y mejorar, estamos permitiendo que sean egoístas y que se salgan con la suya sea lo que sea.

Es tan predominante el mantra de la autoestima hoy día, que la encontramos integrada a toda la cultura popular. Es el mensaje dominante en muchos libros de auto-superación, shows populares de TV, canciones contemporáneas, conferencias motivacionales, programas educacionales, etc. Por eso, en algunas ligas de deportes para niños no hay perdedores (o, en todo caso, ganadores,). Por eso muchas escuelas usan un sistema de calificación que asegure que nadie repruebe. De hecho, una de las técnicas de autoestima, que muchas escuelas usan, se llama "ortografía inventiva". Cuando un niño escribe mal una palabra, no lo corrigen por temor a reprimir su capacidad de expresarse en la escritura. (Admito haber practicado la ortografía inventiva cuando estaba en la escuela primaria; pero, en ese entonces, ninguna de mis maestras parecía apreciar el genio creativo que había detrás de lo que yo estaba haciendo).

Todo lo que el movimiento de la autoestima ha hecho es decir a las personas que no está mal sentirse bien con su manera de expresarse. Esa clase de mensaje solo fomenta un comportamiento fuera de control. A los niños se les dice que pueden hacer lo que quieren y sentirse bien con lo que hacen. Esto ha dado lugar a una generación de personas ávidas por la satisfacción personal o cualquier deseo egoísta que tengan en su corazón. Pero la Biblia no dice nada positivo sobre la autoestima, el narcisismo o cualquier otra clase de egocentrismo. En cambio, nos enseña a confesar nuestros pecados (1 Juan 1:9); negarnos a nosotros mismos (Lucas 9:23); considerar a otros más importantes que nosotros mismos (Filipenses 2:3), y a cultivar la misma clase de humildad y abnegación que Cristo ejemplificó (vv. 5-8).

Entonces, a la hora de criar a los hijos, los padres se enfrentan a dos enormes presiones: la presión externa que el mundo corrupto pone sobre sus hijos, y la presión interna de la naturaleza corrupta que mora en el corazón de sus hijos. Si no te ocupas de estas presiones, los resultados serán trágicos.

Con este trasfondo —saber que la doctrina de la perversión total es un dogma fundamental de la teología paulina y saber cuánto aborrecía el apóstol los valores del mundo—, podemos apreciar la profunda sencillez del consejo para los padres que contiene este solo verso de Efesios 6:4: "Y vosotros, padres, no provoquéis a ira a vuestros hijos, sino criadlos en disciplina y amonestación del Señor".

El patrón perfecto de Dios para la crianza de los hijos

Efesios 6:4 nos dice exactamente qué necesitamos saber si nuestro deseo es a guiar a nuestros hijos a Cristo y edificarlos para que alcancen la madurez spiritual. Es un imperativo doble: una directiva negativa complementada con una directiva positiva. Cuando hacemos de esta directiva doble nuestra máxima prioridad, estamos dando a nuestros hijos la ayuda que necesitan para responder adecuadamente a las presiones que enfrentan en su vida, tanto externas como internas. En conclusión, no hay favor más grande que podamos hacerle a nuestros hijos que dejar que este simple versículo gobierne toda la crianza de nuestros hijos.

Una responsabilidad para ambos padres

A primera vista, podría parecer que este versículo está dirigido solo a los padres, pero la palabra traducida "padres" es el término griego *pateres*, que puede referirse especialmente a los padres; pero a menudo es usado para referirse a ambos padres. Por lo tanto, este principio se aplica tanto para la madre como para el padre. Sin embargo, a la luz del hecho de que a ti, como padre, se te ha conferido el rol del liderazgo en el hogar, finalmente, la manera en la cual tú y tu esposa concuerden criar a tus hijos comienza contigo. Tú también eres aquel que responderá a Dios por el liderazgo de tu familia. Mientras tus compromisos laborales podrían significar que tu esposa se ocupe más de la crianza y la corrección diaria de tus hijos, en virtud de tu rol como líder del hogar, tú tienes la responsabilidad de tomar las decisiones sobre cómo tu esposa y tú disciplinan e instruyen a tus hijos. Y tú debes afirmar y reforzar activamente todo lo que tu esposa hace en la ejecución de esas decisiones. No puedes ser pasivo en el proceso de la crianza de tus hijos.

La responsabilidad de ganar a tus hijos para Cristo

Enseñar a tus hijos "en disciplina y amonestación del Señor" significa primero y principal, que debes ser un evangelista en tu hogar. Tus hijos necesitan comprender que son pecadores, que están separados de Dios, y que sentirán impulsos malos que deshonran a Dios. También necesitan ver claramente las consecuencias de su pecado, que incluyen la pérdida de las bendiciones, dificultades en la vida, la muerte eventual y la eternidad en el infierno separados de Dios. Los hijos necesitan saber todo esto.

Algunos padres piensan que es suficiente decirles a sus hijos que Jesús quiere ser su amigo. Pero no puedes hablarles de la gracia y el perdón de Dios a tus hijos, a menos que conozcan la ley y el juicio de Dios. No entenderán su necesidad de salvación hasta que no se den cuenta de que su pecado los separa de Dios. Necesitan ser conscientes de que han transgredido la ley de Dios y que no tienen capacidad por sí mismos de guardar esa ley y agradar a Dios. Necesitan darse cuenta de que no alcanza con guardar externamente la ley, porque su corazón es el que debe ser transformado, no solo su comportamiento externo.

Tus hijos necesitan saber que debido a que son pecadores, están destinados al castigo eterno, a menos que pongan su confianza en Jesucristo y sus pecados sean perdonados. Solo entonces podrán vivir con la esperanza de un futuro en el cielo. De modo que, como padre, tu primera misión es buscar enérgicamente la salvación eterna de tus hijos.

Podrías preguntarte: "¿Qué pasa si mis hijos son pequeños? ¿No podría ser demasiado difícil de entender el evangelio para ellos? ¿Debería abreviar de alguna manera el mensaje del evangelio cuando les hablo de él?

No hay razón bíblica para modificar las buenas nuevas para los niños pequeños. Lo importante es que uses una terminología que puedan entender. Debes ser claro y paciente en la comunicación del mensaje. No hundas a tus hijos en un mar de verborragia ni los aplastes bajo el peso de argumentos teológicos complejos.

Cuando las Escrituras hablan de evangelizar a tus hijos, el énfasis está en ser cuidadoso y persistente. Por ejemplo, Deuteronomio 6:6-7 dice lo siguiente:

> Y estas palabras que yo te mando hoy, estarán sobre tu corazón; y las repetirás a tus hijos, y hablarás de ellas estando en tu casa, y andando por el camino, y al acostarte, y cuando te levantes.

Debes enseñarles constantemente la verdad, el juicio, la gracia, el perdón y la salvación de Dios a tus hijos. Debes hacerlo al sentarte, al caminar, al acostarte y al levantarte. En otras palabras, no hay un momento inoportuno para enseñar a tus hijos la verdad bíblica. No debes abrumarlos con argumentos complejos, pero tampoco ser demasiado simplista. No tengas a menos su entendimiento del evangelio y de lo que significa ser salvo de sus pecados.

Las personas a menudo me preguntan: "¿A qué edad debería hablar de esto con mis hijos?". Evidentemente, los niños no pueden tener sentido de la salvación hasta que son suficientemente grandes para entender el mensaje del evangelio y aceptarlo con fe genuina. Pero empieza tan pronto como maduren lo suficiente como para entender el pecado, el arrepentimiento, la fe y el castigo. Deben ser suficientemente grandes para entender la gravedad de su pecado y la naturaleza de la norma de santidad de Dios.

Cuando empieces a enseñarles los conceptos básicos a tus hijos, Dios hará su obra.

La edad para esto variará para cada niño. Cuando empieces a enseñarles los conceptos básicos, Dios hará su obra. Finalmente, tus hijos llegarán a comprenderlos claramente. En el proceso, verás respuestas alentadoras y expresiones infantiles de confianza. Afianza y alienta cada paso hacia la madurez en la fe. Pero no cometas el error de pensar que el destino eterno de tus hijos está establecido si alguien los persuade de pedirle a Jesús que entre a su corazón, que levanten una mano después de una lección bíblica o que muestren interés en tener a Jesús como amigo. Debes buscar ese momento en el que tus hijos tengan realmente una imagen clara de dónde están con Dios: cuando sientan el peso de su culpa, vean la belleza de la justicia de Cristo y, con fe contrita, acepten a Cristo como su Señor y Salvador.

A decir verdad, enseñar a tus hijos a invitar a Jesús a entrar a su corazón dista mucho de lo que Pablo tenía en mente cuando exhortó a los padres a criar a sus hijos "en disciplina y amonestación del Señor". Él habla claramente de un proceso permanente de dirección y enseñanza, no de una simple oración mecánica recitada como una fórmula mágica. Los pecadores —incluso los niños— son salvos solo por gracia mediante la *fe*. Las obras —incluso las oraciones— no salvan a nadie. Es muy cierto que la fe que salva es infantil en el sentido que implica humildad y una confianza incuestionable (Mateo 18: 3-4). Pero la fe no puede existir en absoluto donde la verdad del evangelio se desconoce (Romanos 10:14). La fe auténtica viene del entendimiento espiritual (1 Juan 5:20). No des por hecho que las primeras señales de interés que tu hijo muestre por Jesús implican que tiene una fe madura de salvación. He conocido infinidad de personas que "invitaron a Jesús a entrar a su corazón" cuando eran niños, solo para apartarse de Cristo antes que su fe diera fruto. Insisto en que tanto Efesios 6:4 como Deuteronomio 6:7 emplean expresiones que enfatizan la necesidad de persistencia, fidelidad y diligencia en la crianza y amonestación de nuestros hijos. No abandones la tarea por pensar que has cumplido con tu responsabilidad, solo porque tus hijos parecen responder bien a Jesús a edad muy temprana.

Además, no suavices las partes del mensaje del evangelio que parecen desagradables. Procura que tus hijos sepan acerca del infierno y el juicio, la razón por la que Cristo murió en la cruz, y la necesidad de la expiación de nuestros pecados. Explícaselos en un lenguaje que puedan entender. No atenúes la necesidad de un compromiso con Cristo o de una entrega completa a su Señorío.

Ahora bien, específicamente, ¿qué les dices? ¿Qué clase de información necesitan conocer tus hijos? Permíteme darte un esquema básico a seguir:

Enseña a tus hijos acerca de la santidad de Dios

Enseña a tus hijos que Dios es un Dios santo. Dios no tiene pecado, nunca hace nada malo y no puede considerar la iniquidad. Puedes hablar con ellos de los siguientes pasajes de las Escrituras:

> *Levítico 11:44*: "yo soy Jehová vuestro Dios; vosotros por tanto os santificaréis, y seréis santos, porque yo soy santo".
>
> *1 Samuel 2:2*: "No hay santo como Jehová".
>
> *1 Samuel 6:20*: "¿Quién podrá estar delante de Jehová el Dios santo?".
>
> *Mateo 5:48*: "Sed, pues, vosotros perfectos, como vuestro Padre que está en los cielos es perfecto".
>
> *1 Pedro 1:15-16*: "Como aquel que os llamó es santo, sed también vosotros santos en toda vuestra manera de vivir; porque escrito está: Sed santos, porque yo soy santo".
>
> *Hebreos 12:14*: "Busquen la paz con todos, y la santidad, sin la cual nadie verá al Señor" (NVI).

Explica a tus hijos que Dios es absolutamente santo y que ha establecido una norma absolutamente santa para cualquiera que esté en su presencia. Si les preguntas si son perfectos como Dios, ellos sabrán que no lo son.

Puesto que Dios es santo, aborrece el pecado y juzgará a los pecadores, que no pueden entrar a su presencia.

> *Habacuc 1:13*: "Muy limpio eres de ojos para ver

el mal, ni puedes ver el agravio; ¿por qué ves a los menospreciadores, y callas?".

Salmos 1:5: "No se levantarán los malos en el juicio, ni los pecadores en la congregación de los justos".

Enseña a tus hijos acerca de su pecado

Ayuda a tus hijos a entender que no están a la altura de la norma perfecta de Dios. La única manera en que pueden recibir el perdón de Dios es al alejarse de su pecado. Explícales que, al contrario, el evangelio es un mensaje de perdón para las personas condenadas que están destinadas al castigo eterno en el infierno.

Para que tus hijos puedan entender qué es el pecado, habla con ellos sobre pecados específicos, malas actitudes, mentiras y su falta de obediencia a Dios o a sus padres. Explícales que la razón por la que pecan es que el pecado mora en sus corazones. Ellos necesitan entender que no importa cuánto se esfuercen, aun así no podrán llegar a la altura de la norma perfecta de Dios. Eso se debe a que son pecadores por naturaleza, y solo por medio de la fe en Cristo pueden limpiar su corazón.

Aclárales que todas las personas del mundo están en la misma situación, para no darles la impresión de que están solos en esto. Hazles saber que hubo un momento en que tú también tuviste que reconocer que necesitabas que Cristo perdonara tus pecados. De hecho, cuéntales cómo llegaste a reconocer tu necesidad de un Salvador, y cómo llegaste a ser cristiano.

Explícales que Cristo vino a la tierra específicamente para llamar a los pecadores. Jesús dijo: "No he venido a llamar a justos, sino a pecadores" (Marcos 2:17). Él vino porque no hay nada que las personas puedan hacer para ganar su salvación. Las buenas obras no son suficientes. Según Romanos 3:20: "Por las obras de la ley ningún ser humano será justificado delante de él". Gálatas 2:16 dice: "el hombre no es justificado por las obras de la ley, sino por la fe de Jesucristo". Como pecadores, estamos totalmente perdidos delante de Dios.

Enseña a tus hijos qué hizo Cristo por ellos

Cuéntales la historia de Jesús a tus hijos. Explícales que Él es el mismo Dios que vino a la tierra en carne humana y vivió entre nosotros (Juan 1: 1, 14). "Porque de tal manera amó Dios al mundo, que ha dado a su Hijo unigénito, para que todo aquel que en él cree, no se pierda, mas tenga vida eterna" (Juan 3:16).

Asegúrate de que tus hijos entiendan quién es Jesús:

> *Hechos 10:36*: "Éste es Señor de todos".
>
> *Filipenses 2:10-11*: "Para que en el nombre de Jesús se doble toda rodilla de los que están en los cielos, y en la tierra, y debajo de la tierra; y toda lengua confiese que Jesucristo es el Señor".
>
> *Apocalipsis 17:14*: "Él es Señor de señores y Rey de reyes".

Filipenses 2:5-7 explica cómo "Cristo Jesús, el cual, siendo en forma de Dios, no estimó el ser igual a Dios como cosa a que aferrarse, sino que se despojó a sí mismo, tomando forma de siervo, hecho semejante a los hombres". Él vino al mundo y tomó forma humana, y "fue tentado en todo según nuestra semejanza, pero sin pecado" (Hebreos 4:15). Él vivió una vida pura y sin pecado. Primera Pedro 2:22 dice "el cual no hizo pecado, ni se halló engaño en su boca". Y 1 Juan 3:5 dice: "No hay pecado en él".

Diles a tus hijos que el Dios eterno, que el Señor de todo, se hizo hombre y vivió una vida absolutamente sin pecado. Después, murió en la cruz como sacrificio por nuestros pecados. Segunda de Corintios 5:21 dice que Dios, el Padre, "al que no conoció pecado [Jesús], por nosotros lo hizo pecado, para que nosotros fuésemos hechos justicia de Dios en él". Jesús se convirtió en el sacrificio por nosotros y recibió el castigo de Dios por nuestros pecados. Por eso, Jesús murió en la cruz, para cargar con todos nuestros pecados y ofrecernos la manera de reconciliarnos con Dios.

Tres días después de su crucifixión, Jesús resucitó de la muerte: "el cual fue entregado por nuestras transgresiones, y resucitado para nuestra justificación" (Romanos 4:25). La muerte de Jesús satisfizo la justicia de Dios, y se levantó de la tumba. En todo esto, Jesús conquistó el pecado, la muerte y Satanás. Con la ayuda de Jesús, podemos tener perdón de nuestros pecados e ir al cielo.

Enseña a tus hijos lo que Dios les pide que hagan en respuesta

Entonces, ¿cómo deben tus hijos responder al mensaje del evangelio? Dios los llama a arrepentirse y confiar en Jesús como el Señor y el Salvador. Hechos 16:31 dice: "Cree en el Señor Jesucristo, y serás salvo, tú y tu casa". Urge a tus hijos a poner su confianza en Cristo y buscarlo mientras puedan, antes que sea demasiado tarde.

El mayor privilegio como padre

Hasta los niños muy pequeños pueden entender estas verdades si les explicas de manera simple y clara. Predicarles el evangelio a los niños no es diferente a predicárselo a un adulto. Y la clave de todo es predicarlo en un clima de amor hogareño. Aprovecha cada oportunidad que tengas de predicarles el evangelio, háblales de tu propia fe. Ten en cuenta que el corazón de los niños es más tierno, más entusiasta, más sensible; porque no está lleno de mundanalidad, egoísmo y codicia que se han acumulado con los años.

¡Qué enorme privilegio es llevar a tus hijos a Cristo! Este es el paso fundamental en el cumplimiento del mandato dado a los padres en Efesios 6:4: "Y vosotros, padres, no provoquéis a ira a vuestros hijos, sino criadlos en disciplina y amonestación del Señor". Que puedas cumplir con esta responsabilidad de una manera amorosa, tierna y paciente, para que puedas estar entre aquellos que levanten una nueva generación, que busque amar y glorificar al Señor.

La esencia del amor paternal es reconocer que somos los dispensadores de la gracia de Dios en la vida de nuestros hijos. Ellos aprenden a identificar y reverenciar el carácter de Dios a través de la manera en que los tratamos, tanto en los momentos de profundo orgullo como en los momentos de intenso disgusto.[9]

Bryan Chapell

9. Bryan Chapell, *Ephesians* (Phillipsburg, NJ: P&R Publishing, 2009), p. 319.

Capítulo 3

Cómo criar a tus hijos en el Señor: Parte 2

Para continuar nuestro estudio de Efesios 6:4 a fin de conocer el patrón perfecto de Dios para la crianza de nuestros hijos, es esencial que recordemos el contexto más amplio del libro de Efesios. Este es un libro que nos llama, como cristianos, a vivir de manera diferente: a no vivir como el mundo vive. Debemos caminar en la luz de Dios, no en las tinieblas del mundo. Debemos vivir conforme a la sabiduría de Dios, no a la necedad del mundo. Debemos caminar en el Espíritu, no en la carne. Debemos vivir de manera diferente, porque somos hijos de Dios, que poseemos el Espíritu de Dios y vivimos conforme a la Palabra de Dios.

En los primeros versículos de Efesios, leemos: "según nos escogió en él [Dios] antes de la fundación del mundo, para que fuésemos santos y sin mancha delante de él" (1:4). Leemos que Dios "hace todas las cosas… para alabanza de su gloria"; que el propósito por el cual nos salvó es para la gloria de su nombre (1:11-14). Él nos salvó para que podamos llevar a cabo "buenas obras, las cuales Dios preparó de antemano para que anduviésemos en ellas" (2:10). Por estos motivos, se nos exhorta a "[andar] como es digno de la vocación con que [fuimos] llamados" (4:1). Debemos "[despojarnos] del viejo hombre… y [vestirnos] del nuevo hombre, creado según Dios" (4:22-24).

Debemos ser "imitadores de Dios" (5:1) y "[andar] como hijos de luz" (v. 8).

Después de todas estas exhortaciones a una vida santa, llegamos al patrón perfecto de Dios para el matrimonio y la familia en Efesios 5:22—6:4. Por lo tanto, el estilo de vida al cual Dios nos ha llamado como cristianos, debería influenciar cada relación de la familia. A la hora de cumplir nuestro rol de esposo y padre, no deberíamos actuar como lo hacen los incrédulos. Ni deberíamos sucumbir ante la presión del mundo, que nos dice cómo deberíamos proceder en nuestra vida familiar. Nuestra norma para la familia es completamente diferente; se encuentra en la Biblia y proviene del propio Dios.

Por lo tanto, en vez de escuchar la sabiduría deficiente del ser humano y los diagnósticos de la sociedad contemporánea, debemos seguir la prescripción de Dios, que está resumida magníficamente en esta simple declaración de Efesios 6:4: "Y vosotros, padres, no provoquéis a ira a vuestros hijos, sino criadlos en disciplina y amonestación del Señor". Este no es el mensaje de la sabiduría convencional, de la rectitud política de Dios o de la psicología secular. Es lo que Dios mismo dice.

Nuestra norma para la familia es completamente diferente; se encuentra en la Biblia y proviene del propio Dios.

Es lógico obedecer lo que dice la Palabra de Dios para la crianza de nuestros hijos, porque son herencia de Él. El Salmo 127:3 dice: "He aquí, herencia de Jehová son los hijos; cosa de estima el fruto del vientre". Ellos son un regalo de Dios, que hemos recibido para que sean una bendición para nosotros.

Pero ¿cuántas veces los hijos llegan a ser una fuente de dolor, porque no seguimos debidamente el patrón de Dios para la crianza de los hijos? Dios nos ha dado la directiva de Efesios

6:4 para que podamos instruir a nuestros hijos de tal manera que sean una honra para Él. Por eso es tan vital que enfoques todos tus esfuerzos como padre en esta simple exhortación: "no provoquéis a ira a vuestros hijos, sino criadlos en disciplina y amonestación del Señor".

Las prioridades de un padre cristiano

En Efesios 6:4 encontramos una instrucción negativa y otra positiva. Comenzaremos con la negativa, que dice: "padres, no provoquéis a ira a vuestros hijos".

No provoques a ira a tus hijos

La instrucción de no provocar a ira a nuestros hijos fue un concepto revolucionario en la cultura pagana a la cual le estaba escribiendo el apóstol Pablo. En ese momento, la ley romana les daba a los padres poder absoluto sobre sus familias, lo cual se llamaba *patria potestas* (palabras del latín para "patria potestad"). Un padre podía dar órdenes con absoluta autoridad sin la obligación de considerar el bienestar y los deseos de su esposa e hijos. De hecho, cuando nacía un niño, el padre decidía si dejaba vivir al recién nacido u ordenaba su muerte por exposición. El padre podía hacerles cualquier cosa a sus hijos. Podía castigarlos como quisiera, o incluso venderlos como esclavos o mandarlos a ejecutar sin importar su edad.

Además, el infanticidio era una práctica común en la Roma antigua y no fue prohibido hasta el año 374 de la era cristiana. Aprendemos del orador romano Séneca, que los niños débiles y deformes eran ahogados. Algunos historiadores dicen que, a veces, la gente recogía a los niños abandonados, para alimentarlos y criarlos como esclavos y prostitutas.

De modo que Pablo le estaba escribiendo a un mundo en el cual, comúnmente, se abusaba de los niños e incluso se los asesinaba. Muchas personas piensan que somos más civilizados hoy, pero no; con la trágica legalización del aborto, no somos muy diferentes a los antiguos romanos. Lo que es más, hoy día, muchos padres ven a los niños como una conveniencia. Algunos dicen que si volvieran a empezar, no tendrían hijos. Y después, hay niños que viven en hogares substitutos, no porque sus padres estén muertos, sino porque no los quieren. Uno de los mayores contribuyentes al suicidio adolescente es que los niños se sienten rechazados o incluso detestados por sus padres. Por lo tanto, hay mucha agresividad para con los niños también en nuestros días.

En este contexto de animosidad hacia los niños, la Biblia exhorta a los padres a no provocar a ira a los hijos. En otras palabras, no los exasperes. No les exijas cosas irrazonables. No hagas cosas que los lleven a enojarse, desesperarse o resentirse. Las palabras de Pablo sobre la provocación a los niños sugiere un patrón repetitivo y constante de comportamientos de parte de los padres que, con el tiempo, hacen que un niño se frustre y se enoje cada vez más.

En este momento, me gustaría interponer un par de recomendaciones clave. Primero, aunque Efesios 6:4 se aplica igualmente a ambos padres, a menudo es el padre que, en virtud de su liderazgo en el hogar, podría terminar provocando a ira a sus hijos, ya sea intencionalmente o no. Una de las maneras más comunes de provocar a un niño es por medio de reglas poco realistas o una excesiva disciplina en el hogar. Dado que a menudo el padre es quien establece las reglas o lleva a cabo la disciplina, es fácil que sea el que cometa la provocación, incluso de manera inadvertida. Esto requiere que tú, como padre, seas especialmente cuidadoso en la interacción con tus hijos.

Segundo, podrías apresurarte a decir: "Yo nunca provocaría a ira a mis hijos". Pero es fácil ser culpable de esto aun cuando tenemos las mejores intenciones. Por ejemplo, puede suceder cuando les ponemos demasiadas restricciones a nuestros hijos. Uno de los retos que presenta la crianza de los hijos es la necesidad frecuente de ajustar nuestras pautas y nuestras reglas para que estén acorde con su edad y madurez.

¿De qué otra manera provocamos involuntariamente a nuestros hijos? Hay muchas maneras, y, a continuación, voy a enumerar diez de las más comunes. A medida que leas la lista, puede que reconozcas que debes tener cuidado con otras maneras de provocar a tus hijos.

Cuando eres sobreprotector

Si quieres exasperar a tus hijos, ponles restricciones y no confíes en ellos. No les permitas tener la oportunidad de desarrollar su independencia. Mantenlos bajo control estricto todo el tiempo. Pero si quieres que tus hijos sean felices y disfruten la vida, dales lugar para expresarse, descubrir su mundo y experimentar nuevas aventuras. Procura soltarlos gradualmente a medida que maduran.

Cuando muestras favoritismo por alguno de tus hijos

¿Recuerdas el relato del Antiguo Testamento que cuenta cómo Isaac prefería a Esaú por sobre Jacob? Y la esposa de Isaac, Rebeca, hacía lo opuesto; ella prefería a Jacob por sobre Esaú. El triste resultado de este desdichado favoritismo es muy conocido. Jacob engañó a Esaú y le robó su herencia, y esto enfureció a Esaú. Jacob tuvo que huir del hogar para protegerse de la venganza de Esaú, y Rebeca nunca volvió a ver a Jacob.

No compares a tus hijos entre ellos. No digas cosas como: "¿Por qué no puedes parecerte más a tu hermano ?". O "¿Por qué tu habitación no está tan limpia como la de tu hermana ?". Si uno de tus hijos tiene motivos para pensar que amas más al otro, eso generará profundos sentimientos de dolor y rechazo.

Cuando exiges el cumplimiento de objetivos poco realistas

Algunos padres apabullan a sus hijos al ponerlos bajo demasiada presión para que sobresalgan en la escuela, los deportes, la música o cualquier otra cosa que practiquen. A menudo, esta presión tiene poco que ver con el niño, sino con el orgullo o la reputación de los padres.

Los niños sufren una gran frustración cuando sienten que no hay manera de contentar a sus padres. No importa cuánto se esfuercen, los padres nunca están contentos. La barra siempre está muy alta, y no hay sensibilidad para con las habilidades o destrezas del niño. Esto puede causar enojo y amargura.

Cuando mis hijos eran pequeños y competían en deportes organizados, recuerdo ver a los padres humillar a sus hijos por su desempeño en el campo. No importaba cuán bien hubieran jugado los niños, los padres los criticaban. Eso les infundía temor y frustración a los niños, quienes terminaban por encontrar difícil tener un buen desempeño en las competencias.

Hace algunos años, conocí a una adolescente muy capaz, que se suicidó porque su madre era muy crítica con todo lo que ella hacía. Si bien había sido una estudiante sobresaliente, muy comprometida con la escuela, la presión de su madre hizo que ella tuviera una crisis nerviosa que requirió un tratamiento médico en una institución. Al regresar al hogar, las críticas continuaron y la hija finalmente se quitó la vida. ¿Por qué? Antes de su última crisis, ella me dijo: "Haga lo que haga, mi madre nunca está contenta".

Padres, necesitamos asegurarnos de no presionar a nuestros hijos hasta el punto de provocar en ellos un enojo autodestructivo.

Cuando eres demasiado indulgente con ellos

Tú puedes fomentar el enojo de tus hijos cuando les das todo lo que quieren, cuando recoges siempre todo lo que dejan tirado y cuando les permites endosar toda la responsabilidad de su comportamiento a otros. Puedes ser demasiado indulgente con ellos cuando les permites pecar y no los castigas, lo cual los alentará a seguir pecando. Pero cuando llegue el momento de enfrentar la vida por sí solos y los demás no estén a sus pies o no les permiten eludir la responsabilidad de sus faltas, tendrán una respuesta agresiva y llena de ira.

Cuando los desalientas

Esto puede suceder de dos maneras: (1) una falta de entendimiento de tu parte y (2) una falta de recompensa para tus hijos. Ambas cosas destruirán la motivación y el incentivo de tus hijos. Por eso es esencial que te tomes tiempo para comprender a tus hijos. Tómate tiempo para determinar por qué están actuando de cierta manera o qué están tratando de hacer. Escúchalos y recompénsalos con gracia y amor. Muéstrales aprobación y honra cuando sea apropiado y sé paciente con ellos. No eleves la barra de tus expectativas a una altura poco realista y no les respondas de manera que se sientan derrotados o desalentados.

Cuando no haces sacrificios por ellos

Otra manera de provocar a ira a tus hijos es hacerles sentir que son una intrusión en tu vida. Ya sea de manera directa o sutil, les transmites que son una molestia, porque te impiden hacer lo que quieres hacer o estar donde quieres estar. Siempre buscas la manera de dejarlos en la casa de otra persona o registrarlos en alguna actividad para que puedas estar libre para hacer tus propias cosas. Tú quieres tener tu propia diversión y placer, y los niños tienen que arreglárselas como puedan. Tú les dices que se preparen su propia comida y que no te interrumpan, porque lo que estás haciendo es más importante. Cuando eres indiferente con ellos y no estás disponible para ellos, tus hijos terminarán por resentirse contigo.

Cuando no les permites crecer

Los niños no son perfectos. Tienen mucho que aprender y, en el proceso, cometerán errores. Por lo tanto, golpean las cosas sobre la mesa, y se ríen de eso. Todavía están desarrollando su destreza y coordinación. Cuando les pides que hagan algo y tus hijos no lo hacen muy bien, no saltes sobre ellos por eso. Acompáñalos, felicítalos por intentarlo y enséñales a hacerlo mejor la próxima vez. Espera un progreso, no la perfección.

Cuando eres negligente con ellos

Una ilustración bíblica muy conocida de la negligencia paternal es la relación entre el rey David y su hijo Absalón. Evidentemente, David estaba muy ocupado para pasar tiempo con su hijo, pues Absalón creció con menosprecio por su padre y otros miembros de la familia. Se rebeló contra la autoridad de David como rey y elaboró un complot para destronarlo. Los sórdidos detalles de sus obras están redactadas en los capítulos 13 al 18 de 2 Samuel. Al final, Absalón fue asesinado en batalla.

Sin duda, la negligencia de David no fue un caso de indiferencia premeditada. Evidentemente, él tenía un profundo amor por Absalón. Leemos en 2 Samuel 18:33 que David lloró amargamente por la muerte de su hijo. La pérdida de su hijo fue una de las mayores angustias de David. Como padre, debes asegurarte de que tus hijos sean conscientes continuamente de tu amor por ellos. No es suficiente con saber en tu propia mente y tu propio corazón que los amas. En cambio, necesitas verbalizar claramente tu amor y demostrárselos pasando tiempo con ellos y mostrándoles interés en sus vidas.

Cuando mis hijos Matt y Mark eran pequeños, había hecho un acuerdo especial con ellos. Me había comprometido a ir a ver sus competencias deportivas. Y, a cambio, debían venir a la iglesia para escuchar mis sermones. Cada uno participaba de la vida del otro y, como consecuencia, pudimos cultivar una fuerte y estrecha relación de padre-hijo que permanece hasta el día de hoy.

En el capítulo anterior, mencioné que, por lo general, cuando vemos a los criminales peligrosos, nuestro primer pensamiento es *¿Qué hicieron los padres para que resultaran así?* Pero, como observamos, el problema no es necesariamente lo que los padres *hicieron*, sino lo que *no hicieron*. Cuando los padres ignoran a los hijos y no los disciplinan, terminan por ser adultos como Absalón.

Cuando los maltratas verbalmente

El maltrato verbal puede tener un efecto terrible en nuestros hijos. Con meras palabras, es fácil que un padre destroce el corazón de sus hijos. Esto puede incluir palabras dichas con enojo, sarcasmo o burla. Algunos padres les dicen cosas a sus hijos, que nunca les dirían a otras personas. Y, generalmente, los niños no pueden defenderse porque no saben cómo responder. Los padres hieren sus sentimientos y los ofenden, y el maltrato verbal los hace sentir rechazados. Con el tiempo, ese maltrato generará amargura y provocará rebeldía en los hijos.

Cuando los maltratas físicamente

Algunos padres son extremistas a la hora de disciplinar a sus hijos y, en realidad, los golpean. Traspasan los límites de un castigo racional y apropiado para sus hijos y los lesionan. Esta es la peor forma de intimidación y brutalidad, porque los padres deberían ser los más dedicados al amor y la protección del niño. Cuando, en cambio, maltratan y lesionan a sus propios hijos, el daño es inmenso. Como si la lesión física del niño no fuera ya suficientemente mala, semejante maltrato produce un daño permanente en el espíritu del niño. Someter físicamente a un niño y aprovecharse de la disparidad física entre ambos llenará al niño de temor. Un niño que es físicamente maltratado, seguramente crecerá con un espíritu vengativo hacia sus padres y dará rienda suelta a la misma brutalidad sobre otros cuando sea grande.

En Hebreos 12:5-7, leemos que Dios disciplina a sus hijos en amor. Cuando nuestro Padre celestial nos corrige, siempre predomina una actitud de amor. El castigo podría ser doloroso, pero sabemos que es solo por una buena razón. Cuando disciplinas a tus hijos, asegúrate de no hacerlo cuando estás enojado o para desquitarte. Asegúrate de evaluar primero la situación para determinar cuál es la respuesta apropiada. Pídele al Señor que te dé una mente calma y un corazón de amor, y procura que tu reprensión fluya de una genuina compasión y preocupación por el bienestar de tus hijos.

Estas son solo diez de las maneras de provocar a ira a tus hijos, pero hay muchas más. Independientemente de la manera, al final, el provocar a ira a tus hijos los exasperará y ahuyentará. Fomentará una destructiva actitud de resentimiento en su corazón y, con el paso del tiempo, destruirá a tu familia.

Después de haber visto la primera mitad del patrón de Dios para la paternidad, que se encuentra en Efesios 6:4, ahora veremos la segunda mitad, o el componente positivo:

Cría a tus hijos en disciplina y amonestación del Señor

En el capítulo anterior vimos las tremendas presiones externas e internas que nuestros hijos enfrentan en sus años de formación. Rodeados por las influencias corruptas del mundo, luchan con los deseos pecaminosos de su corazón. Estas presiones externas e internas son constantes y hacen de nuestra paternidad todo un reto. En vista de esta situación, Dios nos hace la siguiente exhortación para que podamos criar correctamente a nuestros hijos: "criadlos en disciplina y amonestación del Señor" (Efesios 6:4). Si queremos tener alguna esperanza de criar a nuestros hijos de manera que vivan en rectitud y honren a Dios, es absolutamente esencial que sigamos esta directiva.

El término "criadlos" alude al hecho de que nuestros hijos no pueden crecer bien por sí solos. Nuestra participación proactiva en guiarlos, encaminarlos y educarlos es esencial. Proverbios 29:15 dice: "el muchacho consentido avergonzará a su madre". Por lo tanto, insisto en que no es tanto lo que los padres *hacen* con sus hijos lo que los forma; sino lo que *no hacen*. La falta de disciplina e instrucción dejará a un niño a la ventura e indefenso ante las influencias negativas del mundo. Tú has sido llamado a enfocarte deliberada y constantemente en formar la vida de tus hijos.

Las palabras "disciplina" y "amonestación", que usa Pablo, nos resultan útiles también. La palabra griega traducida como "disciplina" es *nouthesia*, que habla de reprensión o advertencia. Esta transmite la idea de una advertencia paternal suave y tierna. Y la Palabra traducida como "amonestación" es *paideia*, que otras versiones traducen como "instrucción". Cuando

> **Tú has sido llamado a enfocarte deliberada y constantemente en formar la vida de tus hijos.**

tú amonestas e instruyes a tus hijos, estás cumpliendo la responsabilidad descrita en Efesios 6:4.

De modo que, ¿cómo es esto en la práctica diaria de la crianza de los hijos? ¿Cómo criamos a nuestros hijos "en disciplina y amonestación del Señor"?

Guarda el corazón de tus hijos

Proverbios 4:23 aborda el asunto clave de la crianza de nuestros hijos: "guarda [su] corazón; porque de él mana la vida". Puesto que todos los asuntos de la vida proceden del corazón, debemos prestar debida atención al corazón de nuestros hijos.

En Marcos 7:21-23, Jesús dijo: "Porque de dentro, del corazón de los hombres, salen los malos pensamientos, los adulterios, las fornicaciones, los homicidios, los hurtos, las avaricias, las maldades, el engaño, la lascivia, la envidia, la maledicencia, la soberbia, la insensatez. Todas estas maldades de dentro salen, y contaminan al hombre".

Nuestro Señor se refirió a esto más adelante en Lucas 6:45: "El hombre bueno, del buen tesoro de su corazón saca lo bueno; y el hombre malo, del mal tesoro de su corazón saca lo malo; porque de la abundancia del corazón habla la boca".

En lo que respecta a la crianza de nuestros hijos, necesitamos reconocer que ellos tienen un problema del corazón. Cada vez que hacen algo malo, es una manifestación de lo que hay en su corazón. No es suficiente corregir tan solo su conducta, de tal modo que parezcan buenos por fuera. Necesitamos tratar con la condición de su corazón. Si todo lo que hacemos es enfocarnos en su conducta, entonces el pecado y rebeldía que reside en su corazón, finalmente, saldrá y se manifestará externamente.

Por eso, tus hijos necesitan entender que tienen un corazón pecador. Si se preguntan de dónde salen sus palabras, pensamientos y acciones malas, diles que salen de la corrupción que hay dentro de su corazón. Y ese corazón necesita ser transformado, lo cual solo puede suceder por medio de la salvación en Cristo.

Tedd Tripp, en su libro *Cómo pastorear el corazón de sus hijos*, dice que el campo de batalla más pequeño del mundo es el corazón de un niño, y la conquista del mismo requiere de una guerra sin cuartel.[10] El corazón de tu hijo es un campo de batalla, donde el pecado y la rectitud están en conflicto. Por eso, no alcanza con enfocarnos en las cuestiones superficiales, tales como la falta de madurez, entendimiento y experiencia de nuestros hijos. Un niño nunca dejará atrás su perversión. Su naturaleza pecadora seguirá persistiendo en su corazón hasta que tratemos con esta.

Para encaminar a nuestros hijos, cualquier objetivo que no apunte a tratar con su corazón no es nada más que una modificación de conducta. Después de todo, a los niños no cristianos se les puede enseñar a conformarse a una norma moralmente aceptable. Y aunque es importante enseñar a los niños a obedecer, no podemos confundir eso con el objetivo principal, que es la salvación de nuestros hijos y el mandato de criarlos en el Señor.

Esto requiere de enseñarles a entender qué es la tentación y la necesidad de resistirla. Ayúdales a reconocer que todas sus malas actitudes y acciones proceden del corazón. Cuando castigas a tus hijos por sus ofensas externas, asegúrate de ayudarles a ver que el problema central es su corazón. Enséñales que no solo te han ofendido a ti, sino también a Dios. Esto les dejará en claro que no son solo responsables contigo, sino,

10. Ted Tripp, *Shepherding a Child's Heart* [*Como pastorear el corazón de sus hijos*] (Wapwallopen, PA: Shepherd Press, 1995), p. 39. Publicado en español por Editorial Eternidad.

más importante aún, con Dios. Sobre todo, enséñales que Dios quiere reconciliarse con ellos por medio de Jesucristo (2 Corintios 5:19).

Todo esto requiere de una atención constante de tu parte como padre. Como dice Deuteronomio 6:7: "y las repetirás [las palabras de Dios] a tus hijos, y hablarás de ellas estando en tu casa, y andando por el camino, y al acostarte, y cuando te levantes". En 2 Timoteo 3:16, vemos que "toda la Escritura es inspirada por Dios, y útil para enseñar, para redargüir, para corregir, para instruir en justicia". Incluye la Palabra de Dios en la interacción diaria con tus hijos. Y ejerce progresivamente la disciplina con tus hijos cuando sea necesario; una reprensión amorosa y constante que les enseñe que sus pecados tienen consecuencias.

Háblales a tus hijos de Dios

Vamos a estudiar detenidamente Deuteronomio 6, donde veremos algunas especificaciones prácticas sobre cómo instruir a nuestros hijos. Encontrarás algunas pautas excelentes, que te ayudarán a cultivar la consciencia y el entendimiento de Dios en la vida de tus hijos.

Enseña a tus hijos a reconocer a Dios

El versículo 4 empieza: "Oye, Israel: Jehová nuestro Dios, Jehová uno es". Este es un llamado al pueblo de Israel, para que reconozcan a Dios y acepten que solo Él es Señor. Como tal, Él es totalmente soberano. Tú debes enseñar a tus hijos acerca de Dios y explicarles que Él gobierna sobre todo. Solo Él es la autoridad suprema sobre todo.

Enseña a tus hijos a amar a Dios

El versículo 5 continúa diciendo: "Y amarás a Jehová tu

Dios de todo tu corazón, y de toda tu alma, y con todas tus fuerzas". Es esencial que instruyas a tus hijos a amar a Dios. El amor por Dios afectará su conducta. Se darán cuenta de que amar a Dios es vivir de tal manera que Él se agrade. Esto hará que tus hijos sean más renuentes a comportarse mal.

Enseña a tus hijos a obedecer a Dios

Los versículos 6-7 derivan de lo que leemos en el versículo 5: "Y estas palabras que yo te mando hoy, estarán sobre tu corazón; y las repetirás a tus hijos". Aunque debes enseñar a tus hijos a obedecer al Señor, debes inculcar en ellos el deseo de obedecer a Dios por amor. Cuando ellos amen a Dios, querrán obedecerle.

Enseña a tus hijos a seguir tu ejemplo

Los versículos 7-8 siguen diciendo: "las repetirás a tus hijos, y hablarás de ellas estando en tu casa, y andando por el camino, y al acostarte, y cuando te levantes". Que la Palabra de Dios esté continuamente en tus palabras, tus actitudes y tus acciones. Enséñales los principios bíblicos y vívelos. Que tus hijos vean el predominio de la verdad de Dios en tu vida. Toda la vida es un salón de clases; todo lo que sucede es una oportunidad de enseñarles las Escrituras.

Jesús era un experto en el uso de ilustraciones de la vida diaria para enseñar una verdad espiritual. Hablaba de agua, higueras, semillas de mostaza, aves, pan, perlas, trigo, cizaña, viñas, redes de pescar, luz, oscuridad, etc., para que las personas pudieran tener un mayor entendimiento de la verdad divina. Cuando hacemos lo mismo con nuestros hijos, los ayudamos a ser más sensibles a ver la mano de Dios y escuchar su voz en el mundo que los rodea. Todo en la vida puede usarse para atraer la atención de nuestros hijos a Dios.

Enseña a tus hijos por medio de la repetición

Observa que la actividad de enseñar la Palabra de Dios a tus hijos nunca debería cesar. Deuteronomio 6:7 dice "las repetirás… estando en tu casa, y andando por el camino, y al acostarte, y cuando te levantes". Esto habla de una enseñanza continua y constante, que tiene lugar día y noche. En los versículos 8-9, se exhorta al pueblo de Dios a tomar su Palabra: "y las atarás como una señal en tu mano, y estarán como frontales entre tus ojos; y las escribirás en los postes de tu casa, y en tus puertas". Más adelante, en la historia judía, las personas tomaron este mandato literalmente y colocaron pasajes de las Escrituras en pequeños recuadros en sus manos, en su frente y en los postes de su casa. Pero lo que Dios quería decir era que debían meditar continuamente en ella y dejarse guiar por su Ley.

Enseña a tus hijos a tener cuidado de no olvidarse

Finalmente, la amonestación de Deuteronomio 6:4-9 concluye con esta advertencia:

> Cuando Jehová tu Dios te haya introducido en la tierra que juró a tus padres Abraham, Isaac y Jacob que te daría, en ciudades grandes y buenas que tú no edificaste, y casas llenas de todo bien, que tú no llenaste, y cisternas cavadas que tú no cavaste, viñas y olivares que no plantaste, y luego que comas y te sacies, cuídate de no olvidarte de Jehová, que te sacó de la tierra de Egipto, de casa de servidumbre (vv. 10-12).

Dios le dice a Israel: "Después que entres a esta tierra llena de cosas buenas, asegúrate de no distraerte y olvidarte de mí".

De la misma manera, cuando tus hijos salgan al mundo y vean todo lo que hay para tocar, explorar y experimentar, adviérteles que no dejarse fascinar por las cosas del mundo y olvidarse de Dios. Háblales continuamente de Dios y adviérteles sobre la diversidad de cosas que pueden atraerlos con engaño para que se aparten de Él.

Prácticamente, esto significa criar a tus hijos "en disciplina y amonestación del Señor" (Efesios 6:4). Implica llevarlos a reconocer que Dios y su soberanía gobiernan sobre todo. Significa exhortar a tus hijos a amar a Dios con todo su corazón, con toda su alma y con toda su fuerza. Significa enseñarles a obedecer a Dios y seguir su ejemplo. Haz todas estas cosas continuamente, y usa el salón de clases de la vida para ayudarles a hacer que la verdad bíblica sea más memorable para ellos. Y exhórtalos a no dejar que las cosas del mundo los alejen de Dios.

La necesidad de un cambio en el corazón

Susana Wesley tuvo 17 hijos, incluidos John y Charles, quienes llegaron a tener ministerios como evangelista y escritores de libros e himnos de mucha influencia. Ella escribió:

> El padre que aprende a someter la voluntad de su hijo colabora con Dios en la salvación de un alma. El padre que consiente la voluntad de su hijo hace la obra del enemigo, convierte la religión en algo impracticable, convierte la salvación en algo inalcanzable y hace todo para condenar a su hijo, en cuerpo y alma para siempre.

No consientas la voluntad de tus hijos. Enséñales que deben obedecer a Dios; sin embargo, no pueden hacer eso sin la obra de la gracia de Dios en su corazón. Muéstrales sus pecados, y explícales que solo Dios puede cambiar su corazón por medio de la fe en Jesucristo. En cada oportunidad, anima a tus hijos a tener una relación personal con el Señor.

Procura en todo tiempo que tu objetivo no sea tan solo modificar la conducta de tus hijos, sino llevarlos a Cristo para que Dios pueda cambiar su corazón. A partir de esto, puedes criar a tus hijos en disciplina y amonestación del Señor.

Un padre, al mirar en retrospectiva el proceso de la crianza de los hijos, dijo lo siguiente: "Si volviera a formar mi familia, amaría más a mi esposa en frente de mis hijos. Me reiría con mis hijos más de nuestros errores y nuestras alegrías. Escucharía más a mis hijos, incluso a los más pequeños. Sería más sincero sobre mis debilidades y no simularía ser perfecto. Oraría de otra manera por mi familia. En vez de enfocarme en cada uno de ellos, me enfocaría en mí. Haría más cosas con mis hijos. Los alentaría más. Los felicitaría más. Prestaría más atención a las pequeñas cosas. Les hablaría más íntimamente de Dios. En cada cosa simple de la vida diaria, les hablaría de Dios".

¿Notaste que este padre no se enfocó tanto en la conducta de sus hijos? Sino en ser el ejemplo correcto para sus hijos y hablarles de Dios. Llegó a darse cuenta de que el asunto clave en la crianza de los hijos es el corazón. Esto dicen las Escrituras.

Puesto que solo Dios puede cambiar el corazón, el patrón que nos muestra Efesios 6:4 tiene mucho sentido. Es el camino que tenemos que tomar como padres. Este patrón proviene del propio Dios, que posee toda la sabiduría y conoce exactamente cómo hemos sido diseñados como seres humanos, porque Él nos ha creado. Él sabe qué necesitan más nuestros hijos.

Cuando tú, como padre, tomas en serio la Palabra de Dios, tienes todo lo que necesitas para criar a tus hijos, que son un gozo y una bendición.

Un verdadero cristiano no debe ser esclavo de lo que dicta la corriente, si quiere instruir a sus hijos para que vayan al cielo. No debe conformarse con hacer las cosas, solo porque es la costumbre del mundo; enseñarles e instruirlos de cierta manera, solo porque es lo habitual; permitirles leer libros cuestionables, solo porque todos los leen; permitir que se hagan hábitos de dudosa tendencia, solo porque son los hábitos del momento. Debe instruir a sus hijos enfocado en el alma de ellos. No debe avergonzarse de escuchar que su manera de instruirlos es singular y extraña. ¿Qué tal si lo es? El tiempo es corto; la corriente de este mundo pasa. Aquel que instruye a sus hijos para el cielo y no para la tierra —para Dios y no para el hombre—, es el padre que, al final, será considerado sabio.[11]

J. C. Ryle

11. J. C. Ryle, *Wheat or Chaff?* (Nueva York: Robert Carter, 1853), p. 233.

Capítulo 4

Guía a tus hijos a crecer en sabiduría

Hasta ahora, hemos visto dos pasajes de la Escrituras que ofrecen una directiva fundamental para criar a los hijos en la disciplina y amonestación del Señor. Lo bueno de estos pasajes es que son breves y concisos. Sin muchas palabras, abordan las prioridades más importantes de un padre. Para repasar:

> *Efesios 6:4*: "Y vosotros, padres, no provoquéis a ira a vuestros hijos, sino criadlos en disciplina y amonestación del Señor".
>
> *Deuteronomio 6:7*: "Y las repetirás [las palabras de Dios] a tus hijos, y hablarás de ellas estando en tu casa, y andando por el camino, y al acostarte, y cuando te levantes".

Estos pasajes nos dan la clave para que seamos padres cristianos, que criemos bien a nuestros hijos. Cualquier otra cosa que encontremos en las Escrituras sobre la crianza de los hijos, de una manera u otra, está ligada a estos principios centrales. Y eso es lo que veremos en la segunda mitad de este libro: una variedad de recomendaciones bíblicas prácticas que te ayudarán a ser, como padre, la clase de líder que inspire a sus hijos a amar y obedecer a Dios.

Un manual para padres

Un recurso donde podemos encontrar una abundante riqueza de consejos para padres es el libro de Proverbios. Allí encontramos una gran colección de dichos y ejemplos sabios, escritos por el rey Salomón, todos los cuales enseñan las realidades fundamentales de la vida. Estos son los principios básicos de la vida espiritual. Son simples y directos. Podríamos decir que están llenos de sabiduría en su contenido; sin embargo, son concisos en su forma. Son frases breves, que tienen el propósito de transmitir una instrucción, y lo que las hace particularmente útiles es que son fáciles de recordar.

Al leer el libro de Proverbios, encontramos que muchos de estos dichos sabios son instrucciones para padres con respecto a sus hijos. Más específicamente, una gran cantidad de ellos son exhortaciones de un padre a su hijo. Por ejemplo:

> *Proverbios 1:8*: "Oye, hijo mío, la instrucción de tu padre, y no desprecies la dirección de tu madre".
>
> *Proverbios 2:1*: "Hijo mío, si recibieres mis palabras".
>
> *Proverbios 3:1*: "Hijo mío, no te olvides de mi ley".
>
> *Proverbios 4:1*: "Oíd, hijos, la enseñanza de un padre",
>
> *Proverbios 4:10*: "Oye, hijo mío, y recibe mis razones".
>
> *Proverbios 4:20*: "Hijo mío, está atento a mis palabras".
>
> *Proverbios 5:1*: "Hijo mío, está atento a mi sabiduría".
>
> *Proverbios 6:20*: "Guarda, hijo mío, el mandamiento de tu padre".
>
> *Proverbios 7:1, 3*: "Hijo mío, guarda mis razones, y

> atesora contigo mis mandamientos... Lígalos a tus dedos; escríbelos en la tabla de tu corazón".

En los primeros capítulos de Proverbios, entonces, vemos a un padre atento, cuya principal preocupación es impartir buenos consejos a su hijo. Aquí vemos la personificación de los principios de Efesios 6:4 y Deuteronomio 6:7. Este padre está transmitiendo a su hijo la instrucción del Señor y está haciendo de la sabiduría de Dios una parte activa de su propia vida, así como de la vida de su hijo. Si tú, como padre, quieres criar hijas e hijos piadosos, que, a su vez, sean parte de una generación que guíen a su familia a la piedad, debes ser proactivo en la enseñanza de la sabiduría de la Palabra de Dios. Esto es consecuente con tu prioridad fundamental como padre.

Cuando tus hijos te miran, ¿ven esto como tu principal cometido? ¿O simplemente te ven como el que mantiene la familia, o el que arregla el auto, o corta el césped o saca la basura? Con base en tu interacción con ellos de día y de noche, ¿podrían ellos concluir que criarlos en la piedad es tu máxima prioridad?

Estoy agradecido de poder decir que esta fue la prioridad, tanto para mi padre como para mi abuelo. Ellos me dieron este ejemplo en su vida. Y yo, a su vez, procuré hacer lo mismo con mis hijos, y ahora con mis nietos. Esta es la clave para levantar generaciones sucesivas de personas que sigan al Señor. Esta es la clase de liderazgo al que un padre es llamado. Es un llamado supremo que viene del propio Dios, un llamado que nos asegura futuras generaciones rectas en la iglesia.

El enfoque en la sabiduría

Al leer los Proverbios, no podemos dejar de notar que la palabra "sabiduría" predomina a lo largo de todo el libro. En ocasiones, encontramos palabras relacionadas, como "instrucción", "entendimiento", "prudencia". Pero cada una de estas cosas constituye elementos de la sabiduría. De modo que, en todo el libro de Proverbios, hay un enorme énfasis que alude a una vida sabia. Y esta sabiduría no está confinada solo a los pensamientos de una persona, sino también a su conducta. Es una sabiduría que lleva a una persona a vivir rectamente. Como padres, debemos enseñar a nuestros hijos la sabiduría espiritual. Conseguir que nuestros hijos busquen la sabiduría es motivar en ellos la búsqueda más noble de la vida.

Hay muchas otras cosas que podrías enseñar a tus hijos. Visita la sección para padres de tu librería local y encontrarás una abundancia de consejos, teorías, instrucciones, métodos y técnicas disponibles para padres. Pero gran parte de esa información es trivial; aún más de lo que podrías encontrar en los libros de las respetables editoriales evangélicas. Los consejos típicos para padres tienen que ver con la vida a un nivel más superficial; como por ejemplo, ir a ciertos lugares con tus hijos, seguir las cosas que a ellos les interesan, jugar con ellos. Aunque hacer tales cosas puede contribuir a desarrollar buenas relaciones familiares, finalmente no tienen nada que ver con la condición espiritual del corazón de tus hijos. Si nunca vas más allá de las cosas superficiales, ¿cómo les enseñarás a tus hijos lo que realmente importa? Y si ellos nunca entienden las prioridades de la vida, no podrás disfrutar las increíbles bendiciones que vienen como resultado de tener hijos que aman y obedecen al Señor.

Conseguir que nuestros hijos busquen la sabiduría es motivar en ellos la búsqueda más noble de la vida.

Enseña a tus hijos la divina sabiduría de las Escrituras, y si ellos aceptan la verdad que tú les ofreces, serán padres que enseñen a sus hijos la sabiduría divina. Pero enséñales solo cosas triviales, y no solo no aprenderán las verdades más esenciales de la vida; sino que, a su vez, también enseñarán a sus hijos cosas triviales.

Por lo tanto, todo el libro de Proverbios es un llamado a la sabiduría; no solo para los hijos, sino también para los padres. Como un padre sabio, querrás enseñar y *mostrar* a tus hijos que la sabiduría es de gran valor. Como dice Proverbios 8:11: "Porque mejor es la sabiduría que las piedras preciosas". La búsqueda de la sabiduría es una empresa que rinde grandes beneficios. ¿De quién aprenderán esa lección, si no de su padre?

Como líder del hogar, entonces, una de las prioridades clave es enseñar a tus hijos la sabiduría. Esto, en gran parte, es cumplir el mandato de Efesios 6:4 de criar a tus hijos en "disciplina y amonestación del Señor".

Diez lecciones decisivas que todo padre debería enseñar

En el resto de este capítulo, veremos los capítulos 1-10 del libro de Proverbios y estudiaremos diez lecciones decisivas que todo padre cristiano debería enseñar a sus hijos. Aunque estas lecciones están orientadas principalmente a los hijos varones, también pueden aplicarse a las hijas mujeres. Cuando tus hijos aprendan a poner en práctica estas lecciones en sus vidas, serán una bendición para ti, y Dios los bendecirá.

1. Enseña a tus hijos a temer a Dios

Proverbios 1:7 dice: "El principio de la sabiduría es el temor de Jehová". Esta verdad se vuelve a declarar en Proverbios 9:10: "El temor de Jehová es el principio de la sabiduría". Esto nos dice que el punto de partida para recibir sabiduría es el temor de Dios.

¿Qué implica exactamente la palabra "temor"? Hay dos aspectos de esta palabra. Primero, el aspecto positivo es de un temor reverencial o respeto por Dios. La manera de inculcar este respeto en tus hijos es enseñarles los atributos de Dios y que Dios es todopoderoso, inmaculado, omnisciente y omnipresente. Es inmutable, es decir, que su naturaleza no cambia. Es misericordioso y está lleno de bondad, amor y gracia. Orquestra, providencialmente, toda la historia, de modo que toda la gloria sea para Él. Es soberano. En fin, no es un Dios con el que se pueda jugar. La única respuesta consecuente con un verdadero entendimiento de la naturaleza de Dios es nuestra adoración en humillación, sobrecogimiento y obediencia, "con temor y temblor" (Fil. 2:12).

Cuando enseñes a tus hijos cómo es Dios, ellos llegarán a conocer su grandeza. Y temerán a Dios de una manera sana y positiva.

El segundo aspecto del temor del Señor es negativo. Tiene que ver con temer la desaprobación de Dios; es decir, su derecho a castigar y juzgar. Enseña a tus hijos que Dios es santo y que no puede tolerar el pecado. El hecho de que Dios es santo y asimismo soberano le da el derecho de castigar el pecado de todos, incluso el de tus hijos.

Uno de los mayores favores que puedes hacerles a tus hijos, como padre, es enseñarles los atributos de Dios. Una vez que ellos entiendan quién es Dios y cómo es Él, esa comprensión desarrollará en ellos un temor positivo y reverencial que los lleve a adorarlo, y un temor negativo y aprensivo que los lleve a tratar de no ofenderlo. Esto ayudará a tus hijos a reconocer que Dios es digno de respeto y honor, y que Él desea que vivan rectamente.

No alcanza con decirles a tus hijos que Dios es grande y digno de nuestra adoración y obediencia; tú mismo debes creerlo y mostrar que lo crees en tu manera de vivir. Los hijos están pendientes de ver que en sus padres hay coherencia entre lo que dicen y lo que hacen. ¿Sucede esto en tu vida? ¿Adoras fielmente a Dios el día del Señor? ¿Eres consecuente en la práctica de la lectura de la Palabra de Dios? ¿Te miran tus hijos y ven a un verdadero adorador? El patrón de adoración que tú has establecido para ti es probable que sea el mismo patrón que tus hijos desarrollen. ¿Qué clase de legado estás dejando?

¿Vives tú también en un temor sano del derecho santo que Dios tiene de castigar el pecado? ¿Vives de tal modo que tus hijos pueden ver que tratas de no ofender a Dios?

Proverbios 3:5-6 es instructivo aquí: "Fíate de Jehová de todo tu corazón, y no te apoyes en tu propia prudencia. Reconócelo en todos tus caminos, y él enderezará tus veredas". Este pasaje describe un corazón adorador, uno que confía en Dios hasta el punto de vivir en total sumisión a Él "en todos [nuestros] caminos", no, simplemente, cuando estamos frente a una crisis, en tiempos de dificultades o solo los domingos. La idea es que cuando tu corazón está real y constantemente firme en tu confianza en Dios y tu amor reverente por Él, Él será tu guía y tu guardián. Él "endereza tus pasos", es decir, que Él hará que tu camino sea claro y directo, y te sustentará en medio de los conflictos y la confusión de la vida y de toda clase de peligros en el camino espiritual.

En el texto hebreo original del Antiguo Testamento, la palabra traducida "confiar" significa "yacer impotente boca abajo". Describe a una persona que está totalmente doblegada delante de Dios y que hará cualquier cosa que Dios le pida que haga. Esa es la clase de confianza y humildad a la cual somos llamados. ¿Estás enseñando a tus hijos a confiar en Dios en todas las cosas y a descansar en Él? Cuando ellos manifiesten esa clase de confianza, Dios dirigirá sus pasos. Esta es la clase de temor que debes inculcar en tus hijos.

Vale la pena señalar que cuando tememos a Dios, también tememos al pecado. Un correcto temor de Dios llena el corazón de un ético temor y aversión por el pecado. Proverbios 8:13 dice: "El temor de Jehová es aborrecer el mal". Cuando tú amas a Dios, dudarás antes de hacer cosas que le desagraden.

2. Enseña a tus hijos a guardar su mente

Proverbios 3:3-4 dice: "Nunca se aparten de ti la misericordia y la verdad; átalas a tu cuello, escríbelas en la tabla de tu corazón; y hallarás gracia y buena opinión ante los ojos de Dios y de los hombres". La palabra hebrea traducida "misericordia", que es *hesed*, significa "amor, lealtad, fidelidad, devoción, bondad". Y la palabra traducida "verdad" es *ᵉmet,* que significa "verdad, veracidad, confiabilidad, fiabilidad".

Proverbios 3:3-4 te exhorta a tomar todas estas cosas y "átalas a tu cuello, escríbelas en la tabla de tu corazón". Aquí, "corazón" hace referencia a la mente, que es el asiento de los pensamientos, las emociones y la voluntad. De modo que, finalmente, este pasaje dice que enseñemos a nuestros hijos a guardar su mente.

Dada la manera en que la cultura de hoy está asaltando constantemente la mente humana —particularmente en el ámbito de los medios de comunicación electrónicos—, la tarea de guardar la mente de tus hijos es una tarea mayúscula. Es una responsabilidad enorme, que requiere de una continua vigilancia.

Debes ser como el padre que advirtió a su hijo: "Sobre toda cosa guardada, guarda tu corazón; porque de él mana la vida" (Proverbios 4:23). En otras palabras, debes decir a tus hijos que guarden su mente, porque ese es el punto de partida de los pensamientos y las acciones equivocadas.

Como dijo Jesús: "Nada hay fuera del hombre que entre en él, que le pueda contaminar; pero lo que sale de él, eso es lo que contamina al hombre" (Marcos 7:15). El asunto es lo que sale del corazón. Por eso es tan importante programar la mente de un niño con verdad, virtud, fidelidad, sinceridad, integridad, lealtad, amor y otras cualidades similares. Cuando haces esto, estás guardando la mente de tus hijos.

Proverbios 1:9 dice que la buena instrucción "te coronará de gracia y será como un collar de honor alrededor de tu cuello" (NTV). Cuando los niños tienen la verdad en su corazón, esta los corona de gracia. Proverbios 2:10-12 sigue diciendo que "la sabiduría... [será] grata a tu alma, la discreción te guardará; te preservará la inteligencia, para librarte del mal camino, de los hombres que hablan perversidades". Un par de capítulos más adelante, en Proverbios 4:4, el padre le dice a su hijo: "Retenga tu corazón mis razones, guarda mis mandamientos, y vivirás".

Entonces, como padre, tú eres el guardián de la mente de tus hijos. Tu deber delante de Dios es proteger la mente de tus hijos de todas las influencias terrenales a las que están expuestos. Al mismo tiempo, debes ayudarles a llenar su mente de verdad y misericordia, y aún más con la exposición a la Palabra de Dios. Debes decirles: "Guarden su mente, porque de ella procede su conducta".

3. Enseña a tus hijos a obedecer a sus padres

Como aprendimos anteriormente, los primeros diez capítulos de Proverbios contienen diversas declaraciones parecidas a: "Oye, hijo mío, la instrucción de tu padre". Por ejemplo, en Proverbios 4:10-11 leemos: "Oye, hijo mío, y recibe mis razones, y se te multiplicarán años de vida. Por el camino de la sabiduría te he encaminado, y por veredas derechas te he hecho andar". Un poco después, en los versículos 20-21, encontramos esto: "Hijo mío, está atento a mis palabras; inclina tu oído a mis razones. No se aparten de tus ojos; guárdalas en medio de tu corazón".

En todas estas instrucciones, el padre está reforzando "el primer mandamiento con promesa", que es el siguiente: "Hijos, obedeced en el Señor a vuestros padres, porque esto es justo" (Efesios 6:1:2). En el libro de Proverbios, el padre está diciendo, sencillamente, "Hijo, obedece lo que digo".

Desde luego que esto hace referencia al aspecto de la disciplina de las responsabilidades establecidas para los padres en Efesios 6:4. Observa, por ejemplo, lo que dice el padre en Proverbios 3:11-12: "No menosprecies, hijo mío, el castigo de Jehová, ni te fatigues de su corrección; porque Jehová al que ama castiga, como el padre al hijo a quien quiere".

Si tú amas a tus hijos, los reprenderás y los disciplinarás. ¿Por qué? Para que puedas enseñarles a vivir rectamente. Proverbios 22:15 dice: "La necedad está ligada en el corazón del muchacho; mas la vara de la corrección la alejará de él". La disciplina adecuada —que no se ejerce con enojo, sino con amor— alejará la rebeldía del corazón de un niño. De la misma manera que Dios disciplina a aquellos que ama, nosotros debemos reprender a nuestros hijos con amor. Esto es indispensable para librar a los niños de la necedad y la muerte espiritual, y para que sean sabios y una alegría para sus padres.

Un niño que aprende a obedecer será un niño que aprenderá el dominio propio y la verdadera sabiduría.

Finalmente, cuando tus hijos aprendan a obedecerte, aprenderán a obedecer la autoridad de la sociedad y, más importante aún, así es como empiezan a aprender a obedecer a Dios. Aprenden a someterse a la autoridad y a no transgredir las reglas y enredarse en una conducta delictiva. Un niño que aprende a obedecer será un niño que aprenderá el dominio propio y la verdadera sabiduría.

4. Enseña a tus hijos a elegir cuidadosamente a sus amistades

Aquí hay una responsabilidad en la cual tú, como padre, debes estar a la ofensiva. Debes enseñar a tus hijos a elegir a sus amigos. Como dijo el apóstol Pablo: "Las malas compañías corrompen las buenas costumbres" (1 Corintios 15:33, NVI). Tus hijos nunca serán mejores que sus amistades. Los amigos de tus hijos determinarán la clase de persona que llegarán a ser. Por eso es tan crucial que ayudes a tus hijos a escoger sus compañías, y no al revés.

El padre del libro de Proverbios era un padre proactivo. Por ejemplo, en Proverbios 1:10 dijo: "Hijo mío, si los pecadores te quisieren engañar, no consientas". En otras palabras, "No te enredes en pandillas". Después, siguió diciendo: "Si dijeren: Ven con nosotros; pongamos asechanzas para derramar sangre, acechemos sin motivo al inocente… Hallaremos riquezas de toda clase, llenaremos nuestras casas de despojos… Hijo mío, no andes en camino con ellos" (vv. 11, 13, 15). El malvado tratará de atraer a tus hijos en base a la euforia, la aventura e incluso la promesa de ganancias mal habidas. Tú debes enseñar a tus hijos a resistir estas tentaciones.

Es trágico que haya personas que estén dispuestas a hacer daño a otras o incluso a quitarles la vida solo por un momento efímero de placer. Recuerdo haber leído acerca de un joven de la ciudad de Nueva York, que no se drogaba con sus supuestos amigos, de modo que le prendieron fuego. Los niños y los adolescentes se dejan arrastrar fácilmente hacia un comportamiento insensato o equivocado por la presión de sus pares. Esta presión puede ser grande y la tentación puede ser fuerte. Tú debes enseñar a tus hijos a seleccionar a sus amigos, para que no terminen por ser intimidados por la compañía equivocada.

En Proverbios 2:11-13, el padre le dice a su hijo: "La discreción te guardará; te preservará la inteligencia, para librarte del mal camino, de los hombres que hablan perversidades, que dejan los caminos derechos, para andar por sendas tenebrosas". Él advierte a su hijo de no rodearse de personas cuyo deleite es hacer el mal. Y una manera clave de prevenir eso es ayudar a tu hijo a tener discreción e inteligencia. Esto lo protegerá y librará.

Dota a tus hijos de sabiduría y ellos desarrollarán el discernimiento que necesitan para escoger a sus amigos sabiamente.

5. Enseña a tus hijos a controlar su cuerpo

Cualquier padre con algo de entendimiento sabe que los jóvenes van a desarrollar pasiones que los pueden llevar a la tragedia, a menos que aprendan a controlar sus deseos corporales. ¿Qué tan grande es este problema potencial? Suficientemente grande para que sea el tema predominante a lo largo de los primeros capítulos de Proverbios.

Por ejemplo, en Proverbios 2:16-17, el padre le dice a su hijo que gracias a la sabiduría "Será[s] librado de la mujer extraña, de la ajena que halaga con sus palabras, la cual abandona al compañero de su juventud, y se olvida del pacto de su Dios". La palabra "extraña" aquí significa "extranjera". Se refiere a una mujer inmoral, una prostituta. Era un eufemismo común, adoptado, tal vez, porque las prostitutas de la antigüedad eran extranjeras que llegaban a Israel de las naciones paganas vecinas. Este eufemismo y decir popular llegó a usarse para referirse a cualquier mujer con valores morales livianos; no tan solo a las prostitutas, sino también a las adúlteras, las fornicarias y seductoras de todo tipo. Este pasaje sigue con la descripción de una mujer que abandonó su matrimonio ("abandona al compañero de su juventud"), para tener una aventura amorosa con otro hombre. Y "se olvida del pacto de su Dios", simbolizado en la violación de sus votos matrimoniales. Esta mujer es descrita con un lenguaje que la coloca en el nivel de una vulgar prostituta.

Después, el padre advierte a su hijo y le dice: "Por lo cual su casa está inclinada a la muerte" (v. 18). Algunos piensan que esto podría ser una referencia a la posibilidad de contraer una enfermedad venérea o de sufrir un castigo de Dios. Cualquiera sea el caso, la naturaleza destructiva del adulterio produce en una persona consecuencias devastadoras, posiblemente incluso la muerte; una idea reiterada en el versículo 19 ("Todos los que a ella se lleguen, no volverán, ni seguirán otra vez los senderos de la vida").

Algunas personas podrían pensar que esta es una advertencia muy severa, pero nos da a entender que había hombres que estaban dispuestos a sucumbir a la tentación sexual aun cuando sabían que podía llevarlos a la muerte. Su lujuria por el sexo había superado su deseo de vivir. Así de fuertes pueden ser los deseos sexuales. Los padres deben enseñar a sus hijos el dominio propio sexual, para que no terminen destruyendo su vida o la vida de su familia.

El padre de Proverbios vuelve a abordar el asunto en el capítulo 5:

> Hijo mío, está atento a mi sabiduría, y a mi inteligencia inclina tu oído, para que guardes consejo, y tus labios conserven la ciencia. Porque los labios de la mujer extraña destilan miel, y su paladar es más blando que el aceite; mas su fin es amargo como el ajenjo, agudo como espada de dos filos. Sus pies descienden a la muerte; sus pasos conducen al Seol.

> Sus caminos son inestables; no los conocerás, si no considerares el camino de vida (vv. 1-6).

Una mujer dispuesta a cometer inmoralidad sexual parecerá atractiva y seductora. Persuadirá a un hombre a ir a la cama con ella. Hará todo lo que pueda para parecer irresistible. Sin embargo, al final, es terriblemente letal, pues "sus pies descienden a la muerte".

Por eso, el padre dice claramente:

> Ahora pues, hijos, oídme, y no os apartéis de las razones de mi boca. Aleja de ella tu camino, y no te acerques a la puerta de su casa; para que no des a los extraños tu honor, y tus años al cruel; no sea que extraños se sacien de tu fuerza, y tus trabajos estén en casa del extraño; y gimas al final, cuando se consuma tu carne y tu cuerpo, y digas: ¡Cómo aborrecí el consejo, y mi corazón menospreció la reprensión; no oí la voz de los que me instruían, y a los que me enseñaban no incliné mi oído! (vv. 7-13).

Él está diciendo: "No des a otros lo que tanto te costó conseguir. No le des tu semilla a otro y termines manteniendo hijos de una mujer que no es tuya. No le des tu fuerza a otra familia, para que al final tengas que pagar una pensión alimenticia por el resto de tu vida. Porque si lo haces, serás consumido y te arrepentirás de lo que hiciste. Te darás cuenta de lo necio que has sido".

Y no termina allí, sino que sigue diciendo:

> Guarda, hijo mío, el mandamiento de tu padre, y no dejes la enseñanza de tu madre… Porque el mandamiento es lámpara, y la enseñanza es luz, y

> camino de vida las reprensiones que te instruyen, para que te guarden de la mala mujer, de la blandura de la lengua de la mujer extraña. No codicies su hermosura en tu corazón, ni ella te prenda con sus ojos; porque a causa de la mujer ramera el hombre es reducido a un bocado de pan; y la mujer caza la preciosa alma del varón (Proverbios 6:20, 23-26).

Una mujer adúltera puede destruir completamente a su presa. Un hombre que sucumbe a su voluntad será reducido a nada. Puede perder su riqueza, su libertad, su familia, su dignidad e incluso su alma (v. 32).

En caso de que el hijo piense neciamente que puede salir ileso después de ceder a sus pasiones, el padre le advierte: "¿Tomará el hombre fuego en su seno sin que sus vestidos ardan? ¿Andará el hombre sobre brasas sin que sus pies se quemen?" (vv. 27-28).

La respuesta es obvia: *no*, enfáticamente. "Así es el que se llega a la mujer de su prójimo; no quedará impune ninguno que la tocare" (v. 29).

> Mas el que comete adulterio es falto de entendimiento; corrompe su alma el que tal hace. Heridas y vergüenza hallará, y su afrenta nunca será borrada (vv. 32-33).

Por lo tanto, el joven que cae víctima de una mujer adúltera se destruye a sí mismo. El estigma que resulta de su necedad "nunca será borrad[o]"; es decir, que será permanente. Hay un alto precio que pagar por dar rienda suelta a la pasión sexual.

Proverbios capítulo 7 parece incluso otra advertencia. Observa cómo describe al hombre que se deja seducir por una adúltera: "Vi entre los simples, consideré entre los jóvenes, a un joven falto de entendimiento" (v. 7). En su insensatez, este joven deambula por una parte de la ciudad donde no debería estar. Se está exponiendo a la tentación. La adúltera determina que él es exactamente la clase de hombre que ella está buscando: es falto de entendimiento.

Aquí es donde empieza la cacería. "El cual pasaba por la calle, junto a la esquina, e iba camino a la casa de ella, a la tarde del día, cuando ya oscurecía, en la oscuridad y tinieblas de la noche. Cuando he aquí, una mujer le sale al encuentro, con atavío de ramera y astuta de corazón" (vv. 8-10). Ella sale a saludar a su víctima. Ahora observa su táctica:

> Se asió de él, y le besó. Con semblante descarado le dijo: Sacrificios de paz había prometido, hoy he pagado mis votos; por tanto, he salido a encontrarte, buscando diligentemente tu rostro, y te he hallado (vv. 13-15).

En otras palabras: "¿Me podrías ayudar a cumplir mi celebración religiosa? Eres justo el muchacho que estaba buscando". Luego viene la seducción sensual:

> He adornado mi cama con colchas recamadas con cordoncillo de Egipto; he perfumado mi cámara con mirra, áloes y canela. Ven, embriaguémonos de amores hasta la mañana; alegrémonos en amores. Porque el marido no está en casa; se ha ido a un largo viaje. La bolsa de dinero llevó en su mano; el día señalado volverá a su casa (vv. 16-20).

No solo lo invita descaradamente a tener sexo; sino que

le dice que su esposo se fue a un largo viaje y se llevó mucho dinero, lo cual significa que no regresará por un buen tiempo. "Lo rindió con la suavidad de sus muchas palabras" (v. 21).

Después viene la matanza:

> Al punto se marchó tras ella, como va el buey al degolladero, y como el necio a las prisiones para ser castigado; como el ave que se apresura a la red, y no sabe que es contra su vida, hasta que la saeta traspasa su corazón... Camino al Seol es su casa, que conduce a las cámaras de la muerte (vv. 22-23, 27).

Con consecuencias tan calamitosas, ¿puedes ver por qué es urgente que los padres enseñen a sus hijos a controlar su propio cuerpo?

Enseña a su hijo acerca de la pureza sexual. Dile que guarde sus manos. Adviértele que se mantenga alejado de la tentación. Enfatiza su necesidad de guardar sus ojos, sus oídos, sus pies. Porque cuando él se mantiene puro sexualmente, evitará las consecuencias devastadoras de la inmoralidad sexual y Dios lo bendecirá.

6. Enseña a tus hijos a disfrutar con su cónyuge

Aunque el sexo se prohíbe antes o fuera del matrimonio, se exalta dentro de la unión matrimonial. Esta verdad se describe bellamente en Proverbios, capítulo 5:

> Bebe el agua de tu misma cisterna, y los raudales de tu propio pozo. ¿Se derramarán tus fuentes por las calles, y tus corrientes de aguas por las plazas? Sean para ti solo, y no para los extraños contigo. Sea bendito tu manantial, y alégrate con la mujer de tu

> juventud, como cierva amada y graciosa gacela. Sus caricias te satisfagan en todo tiempo, y en su amor recréate siempre (vv. 15-19).

En otras palabras, un hombre que tiene deseos sexuales debe buscar la satisfacción en su propia esposa. Debe beber de su misma cisterna, y no derramar sus "fuentes por las calles".

En el Oriente Medio de la antigüedad, nadie, en su sano juicio, derramaría baldes de agua en las calles. El agua era un bien preciado. Era escaso y difícil de obtener. Por lo tanto, derramar agua en las calles era una insensatez. Y lo mismo sucede con el hombre que procrea hijos por toda la ciudad.

La frase "sea bendito tu manantial" (v. 18) es una referencia a la capacidad de procrear de un hombre. Él debe gozarse solo con la mujer de su juventud. No debe tener placer con nadie más.

Enseña a tus hijos, con tu manera de tratar y hablar con tu esposa y de buscar satisfacción solo en tu matrimonio. Como dice Proverbios 31:10, una esposa es una dádiva de Dios, más valiosa que las piedras preciosas. Ella debe ser la mejor amiga y compañera de su esposo. Él debe disfrutar solo con ella. Y la mejor manera de enseñar a tus hijos es cuando disfrutas con tu esposa.

7. Enseña a tus hijos a cuidar sus palabras

Otra lección crucial que los padres deberían enseñar a sus hijos es a ser cuidadosos con la manera de hablar. Proverbios 4:24 dice: "Aparta de ti la perversidad de la boca, y aleja de ti la iniquidad de los labios". No hables hipócritamente; no mientas. Habla solo con la verdad.

Proverbios 10:11 dice: "Manantial de vida es la boca del justo". Más adelante, en el versículo 20, leemos: "Plata escogida es la lengua del justo". Es decir, que las palabras buenas son un bien preciado de mucho valor. El versículo 32 agrega: "Los labios del justo saben hablar lo que agrada".

Después, están las contraposiciones: Proverbios 10:14 dice: "La boca del necio es calamidad cercana". El versículo dice: "El que encubre el odio es de labios mentirosos; y el que propaga calumnia es necio". De modo que se debería enseñar a los niños a no mentir. Si no se les castiga por mentir, el comportamiento seguirá. Enseña a tus hijos a decir la verdad y déjales en claro que no tolerarás la mentira.

Proverbios también nos dice que "En las muchas palabras no falta pecado; mas el que refrena sus labios es prudente" (10:19). Enseña a tus hijos a poner freno a sus palabras. Cuando hablan sin parar, se arriesgan a decir algo de lo que más tarde se arrepentirán. Ayúdales a escoger sus palabras cuidadosamente y no caer en la calumnia, la murmuración y otras imprudencias.

Un excelente pasaje del Nuevo Testamento para que les enseñes a tus hijos es Efesios 4:29: "Ninguna palabra corrompida salga de vuestra boca, sino la que sea buena para la necesaria edificación, a fin de dar gracia a los oyentes". Antes de hablar, enseña a tus hijos a preguntarse: ¿Es edificante lo que estoy por decir? ¿Es apropiado? ¿Es agradable? Como cristianos, nuestras palabras deberían ser estimulantes, instructivas y provechosas. Sí, habrá veces cuando sea necesario reprender o corregir. Pero aun eso debe hacerse con un espíritu amoroso y constructivo.

8. Enseña a tus hijos a trabajar duro

En tu rol de líder del hogar, debes enseñar a tus hijos a trabajar. Debes hacerlo tanto con palabras como con el ejemplo. Observa que el padre de Proverbios le dice a su hijo: "Ve a la hormiga, oh perezoso, mira sus caminos, y sé sabio; la cual no teniendo capitán, ni gobernador, ni señor, prepara en el verano su comida, y recoge en el tiempo de la siega su mantenimiento" (6:6-8).

Una de las primeras cosas que debes enseñar a tus hijos es a trabajar diligentemente aun cuando nadie los supervise. Hasta una hormiga hace eso. Desde luego, puedes esperar que tus hijos trabajen cuando los ves. Pero ¿qué pasa cuando nadie los ve?

Si tus hijos van a triunfar en la vida, necesitan tener motivación propia para trabajar, así como planificar a futuro.

El padre sigue diciendo: "Perezoso, ¿hasta cuándo has de dormir? ¿Cuándo te levantarás de tu sueño? Un poco de sueño, un poco de dormitar, y cruzar por un poco las manos para reposo; así vendrá tu necesidad como caminante, y tu pobreza como hombre armado" (vv. 9-11). En otras palabras, "vas a terminar en la pobreza si no aprendes a trabajar".

Un perezoso es un haragán, que da todo tipo de excusas para no trabajar y anda con dilaciones cuando es hora de trabajar. Según Proverbios, la persona haragana padecerá hambre, pobreza y fracaso. Por el contrario, la persona dispuesta a trabajar duro se ganará la vida, tendrá medios para comprar alimentos y será reconocida y recompensada por sus esfuerzos. Según Proverbios 22:29: "¿Has visto hombre solícito en su trabajo? Delante de los reyes estará; no estará delante de los de baja condición".

Proverbios 10:4-5 lo resume bien: "La mano negligente empobrece; mas la mano de los diligentes enriquece. El que recoge en el verano es hombre entendido; el que duerme en el tiempo de la siega es hijo que avergüenza".

9. Enseña a tus hijos a administrar bien su dinero

El libro de Proverbios habla a menudo sobre la administración de las finanzas, porque el dinero juega un rol muy importante en la vida. Gran parte de nuestro tiempo está dedicado a obtener finanzas. Sin embargo, irónicamente, las personas no tienen el tiempo necesario de administrarlo bien. Si somos cuidadosos con nuestro dinero, podemos usarlo con el propósito de obtener grandes beneficios. Pero si no somos cuidadosos, el dinero puede llegar a ser causa de mucha ansiedad y aflicción.

Aquí hay dos principios clave de Proverbios que puedes enseñar a tus hijos para que administren sabiamente sus finanzas:

Sé generoso con Dios

Proverbios 3:9-10 dice: "Honra a Jehová con tus bienes, y con las primicias de todos tus frutos; y serán llenos tus graneros con abundancia, y tus lagares rebosarán de mosto". El principio aquí es que si eres generoso con Dios, Él será generoso contigo. Normalmente, las personas ven el dinero como una pertenencia personal, y al Señor le dan lo que es de Él. Pero Dios es quien nos da todo lo que poseemos, y debemos considerar de Él todo nuestro dinero, no tan solo la parte que le damos en la ofrenda.

Somos llamados a honrar a Dios con la manera de usar nuestro dinero; tanto la parte que le damos a Él y la parte que gastamos en nosotros mismos. Esa es la actitud que debes transmitir a tus hijos.

Si tus hijos ven que tú eres un dador mediocre, ellos también lo serán. Aprenderán de tu ejemplo. Y tú perderás el derecho a recibir la bendición que Dios ha prometido a cambio. Si quieres que tus hijos conozcan la plenitud de las bendiciones de Dios, enséñales a dar generosamente.

No salgas fiador de un extraño

En Proverbios 6, el padre advierte: "Hijo mío, si salieres fiador por tu amigo, si has empeñado tu palabra a un extraño, te has enlazado con las palabras de tu boca, y has quedado preso en los dichos de tus labios. Haz esto ahora, hijo mío, y líbrate, ya que has caído en la mano de tu prójimo; ve, humíllate, y asegúrate de tu amigo... Escápate como gacela de la mano del cazador" (vv. 1-3, 5).

¿De qué está hablando aquí? Suponte que un vecino o un extraño viene a ti y te dice: "Necesito dinero para emprender un proyecto o para salir de deudas. Te prometo que si me ayudas, te lo devolveré con creces". La Biblia dice que no le prestes dinero a una persona así. Cuando lo haces, le estás cediendo la administración de tu dinero a una persona por la cual no puedes ser responsable. Tendrás que desprenderte de la provisión que Dios te ha dado para llegar a un acuerdo financiero sobre el cual no tienes control. Lo cual significa que podrías llegar a perder tu dinero.

Enseña a tus hijos a usar su dinero sabiamente y no prestarle a otra persona, cuyo comportamiento no puedan controlar. Adviérteles que si salen fiadores de otra persona, podrían tener que responder por sus deudas. Mucho mejor es que tus hijos puedan usar su dinero como el Señor los guíe, y no tengan que perderlo a causa de alguien que tiene el proyecto de hacerse rico rápidamente, a quien le podría ir mal y terminar con una mayor deuda.

Si tus hijos se encuentran en esa situación, ¿qué deben hacer? Deben humillarse y suplicar la negociación de un acuerdo, que les permita desistir del contrato. Deben hacerlo lo antes posible para no quebrar financieramente. Deben hacer lo que puedan para ser libres de la esclavitud y poder "[escaparse] como gacela de la mano del cazador, y como ave de la mano del que arma lazos" (6:5). En otras palabras, ¡salir corriendo!

10. Enseña a tus hijos a amar al prójimo

Aunque las Escrituras dicen que no deberíamos salir fiadores de un extraño, eso no significa no darle dinero a alguien que está en una verdadera necesidad. El pasaje de Proverbios 3:27-28 es claro al respecto: "No te niegues a hacer el bien a quien es debido, cuando tuvieres poder para hacerlo. No digas a tu prójimo: Anda, y vuelve, y mañana te daré, cuando tienes contigo qué darle".

Si has conseguido bienes, da a los necesitados. Ser generoso con el pobre y suplir las necesidades de otros cuando tienes los recursos de hacerlo forma parte de honrar a Dios. Debes ser generoso en mostrar un amor sacrificial hacia tu prójimo.

Otro aspecto del amor al prójimo es no intentar hacerle daño a aquel que habita confiado junto a ti (Proverbios 3:29). El siguiente versículo dice: "No envidies al hombre injusto, ni escojas ninguno de sus caminos. Porque Jehová abomina al perverso; mas su comunión íntima es con los justos. La maldición de Jehová está en la casa del impío" (vv. 31-33).

Atiende a tu prójimo, ámalo, perdónalo y suple sus necesidades. Al hacerlo, "heredará[s] honra" (v. 35). Y tus hijos te imitarán y harán lo mismo.

Vale mencionar que Jesús incluyó el amar al prójimo como uno de los dos mandamientos más importantes. Cuando un legista le preguntó: "¿Cuál es el gran mandamiento en la ley? Jesús le dijo: Amarás al Señor tu Dios con todo tu corazón, y con toda tu alma, y con toda tu mente. Este es el primero y grande mandamiento. Y el segundo es semejante: Amarás a tu prójimo como a ti mismo" (Mateo 22:36-39). Todo el deber moral de una persona, entonces, se reduce al amor por Dios y el amor unos por otros.

¿Qué pasa cuando no somos líderes ni enseñamos?

Hemos acabado de ver diez lecciones decisivas que tú como padre deberías enseñar a tus hijos, y el libro de Proverbios está lleno de sabiduría adicional para impartirles. Estas son algunas de las maneras de criar a tus hijos "en disciplina y amonestación del Señor" (Efesios 6:4). Para asegurarte de que tus hijos pongan en práctica estas lecciones es clave que les enseñes con el ejemplo. Debes vivir lo que enseñas delante de tus hijos para que ellos puedan imitarte.

Cuando consideramos las consecuencias peligrosas de no enseñar estas lecciones a nuestros hijos, vemos cuánto más urgente es tomarnos el tiempo de implantar la verdad bíblica en sus corazones:

- Si no enseñas a tus hijos a temer a Dios, el diablo les enseñará a rechazar y aborrecer a Dios.
- Si no enseñas a tus hijos a guardar su mente, con mucho gusto, el diablo les enseñará a "no tener ideas preconcebidas".
- Si no enseñas a tus hijos a obedecer a mamá y a papá, el diablo les enseñará a rebelarse contra ustedes y romperles el corazón.
- Si no enseñas a tus hijos a escoger sus amistades cuidadosamente, con mucho gusto, el diablo les ayudará a escogerlas.
- Si no enseñas a tus hijos a controlar su cuerpo, el diablo les enseñará a entregar su cuerpo a la lujuria.

- Si no enseñas a tus hijos a disfrutar del cónyuge matrimonial que Dios les ha dado, el diablo les enseñará a destruir su matrimonio por medio de la infidelidad y el adulterio.
- Si no enseñas a tus hijos a ser cuidadosos con sus palabras, el diablo llenará su boca de murmuración, calumnia, mentiras y un lenguaje sucio.
- Si no enseñas a tus hijos a trabajar duro, el diablo les enseñará a ser holgazanes, lo cual los llevará a la pobreza.
- Si no enseñas a tus hijos a administrar adecuadamente su dinero, el diablo les enseñará a gastarlo irresponsablemente y a endeudarse.
- Si no enseñas a tus hijos a amar al prójimo, con mucho gusto, el diablo les enseñará a amarse solo a sí mismos.

Entonces, como padres, tenemos una gran responsabilidad para con la próxima generación. Cómo saldrán nuestros hijos es el resultado de la medida de nuestro compromiso a enseñarles a vivir conforme a la sabiduría y la verdad de Dios. Que podamos ser instrumentos de la gracia de Dios, como maestros fieles y líderes del hogar para criar a nuestros hijos "en disciplina y amonestación del Señor".

El padre del hijo pródigo fue tan compasivo en su amor, que estuvo dispuesto a sufrir cualquier humillación a fin de restaurar al hijo que había perdido hacía mucho tiempo. Muchos padres hacen exactamente lo opuesto, aun los padres cristianos. Cuando sus hijos empiezan a ir en la dirección equivocada, les hablan con desdén y se avergüenzan de ellos. En vez de humillarse, humillan a sus hijos, aun a costa de su propia destrucción. Pero aquí Jesús les da a los padres y a las madres un mejor modelo a seguir…[12]

PHILIP GRAHAM RYKEN

---

12. Philip Graham Ryken, *Luke*, vol. 2 (Phillipsburg, NJ: P&R Publishing, 2009), p. 146.

Capítulo 5

El amor de un padre por un hijo rebelde

Hemos estado viendo qué significa criar a los hijos "en disciplina y amonestación del Señor" (Efesios 6:4). La palabra "disciplina" hace énfasis en el deber del padre de frenar y corregir la inclinación de sus hijos a pecar y de conducirlos y corregirlos con amor, pero con firmeza, de tal modo que obedezcan lo bueno y eviten lo malo. La palabra "amonestación" señala el deber positivo de guiarlos en el camino de la sabiduría bíblica. La prioridad fundamental aquí es cultivar en ellos un sano temor de Dios, un entendimiento contrito de su propia culpa y un sentido de la necesidad de Cristo como su Salvador. A partir de allí, podemos enseñarles a vivir conforme a la verdad de las Escrituras, animarlos a amar a Dios y guiarlos en la dirección correcta para que puedan crecer y alcanzar la madurez espiritual.

También hemos visto que, según Deuteronomio 6:7, la tarea del padre es constante. No es un rol de media jornada y tampoco tiene tiempo libre. Debemos hablar del Señor con nuestros hijos de día y de noche, al sentarnos y al levantarnos.

Todo lo que hemos visto hasta ahora es para el supuesto caso de que tus hijos todavía sean dóciles a la enseñanza, estén dispuestos a escuchar y sean receptivos a tus esfuerzos de pasarles un legado bíblico.

Pero ¿qué sucede si ya tienes un hijo o más que viven en total rebeldía contra ti? ¿Qué sucede si han rechazado tu autoridad paternal? ¿Qué hacer cuando un hijo se niega a cooperar o llega al extremo de rechazar la fe cristiana y hasta irse del hogar?

¿Cómo debe responder el padre en una situación así?

Dado que hay tantas situaciones posibles en lo que se refiere a la rebeldía de los hijos, en vez de tratar de abordar cada una de las variables, me gustaría enfocarme en la *actitud del corazón* que debe tener el padre frente a tal rebeldía. Este es el punto de partida para cualquier padre que necesita estar preparado para hacer frente a la rebeldía de su hijo. Hay otros recursos útiles que un padre cristiano puede consultar para obtener información específica, y he enumerado un par de ellos en la nota a pie de página.[13]

Por lo tanto, ¿qué actitud del corazón deberías tener cuando tus hijos se vuelven intransigentes o, peor aún, cuando te rechazan categóricamente? Encontramos esta actitud ilustrada maravillosamente en lo que se conoce comúnmente como la parábola del hijo pródigo. En esta historia, relatada por Jesús en el capítulo 15, vemos a un padre, cuyo hijo lo rechaza totalmente de una manera impensada. El hijo muestra un total desacato y desdén por su padre, desprecia a la familia y se marcha a una tierra lejana para derrochar la riqueza de la familia en una vida licenciosa.

En esta historia, el padre representa al propio Dios. De modo que al leer la parábola, observa detenidamente la actitud del corazón del padre hacia su hijo, porque esta es exactamente la misma actitud que Dios muestra hacia los rebeldes pecadores. Esta es la actitud del corazón que tú, como padre,

13. Elyse Fitzpatrick y Jim Newheiser, *When Good Kids Make Bad Choices* (Eugene, OR: Harvest House, 2005); Rick Horne, *Get Offa My Case! Godly Parenting of an Angry Teen* (Wapwallopen, PA: Shepherd Press, 2012).

debes mostrar hacia tu hijo, si ha decidido rechazar tu dirección paternal.

La parábola del hijo pródigo tiene tres partes básicas que se entrelazan. La primera parte tiene que ver con el hijo menor. La segunda parte tiene que ver con el padre. Y la tercera tiene que ver con el hijo mayor. Para los propósitos de este capítulo, vamos a enfocarnos en la segunda parte y veremos la respuesta del padre a la rebeldía de su hijo menor. Pero para tener el contexto completo, empezaremos desde el principio de la parábola:

> Un hombre tenía dos hijos; y el menor de ellos dijo a su padre: Padre, dame la parte de los bienes que me corresponde; y les repartió los bienes. No muchos días después, juntándolo todo el hijo menor, se fue lejos a una provincia apartada; y allí desperdició sus bienes viviendo perdidamente. Y cuando todo lo hubo malgastado, vino una gran hambre en aquella provincia, y comenzó a faltarle. Y fue y se arrimó a uno de los ciudadanos de aquella tierra, el cual le envió a su hacienda para que apacentase cerdos. Y deseaba llenar su vientre de las algarrobas que comían los cerdos, pero nadie le daba (vv. 11-16).

El escandaloso pedido

Para entender todo lo que ocurre en la historia, es necesario conocer algunas de las normas culturales del Oriente Medio antiguo. Normalmente, los hijos no tenían derecho a recibir ninguna herencia mientras su padre todavía estuviera vivo. Pero aquí, el hijo menor insiste en recibir de inmediato su parte de la herencia. Es un pedido escandaloso y desvergonzado, porque es equivalente a decir: "Papá, ojalá estuvieras muerto. Quiero lo que es mío, y lo quiero ahora".

Luego, el hijo recogió sus pertenencias y se marchó a una tierra lejana, donde gastó el dinero de su padre "viviendo perdidamente" (v. 13). El término griego para "perdidamente" significa "disoluto", "derrochador" (esto es lo que en realidad significa el antiguo término *pródigo*), y habla de un estilo de vida irreflexivo y desenfrenado. Después que el hijo se queda sin dinero, no tiene otra opción que buscar trabajo, y el único que encuentra es el de apacentar cerdos. Esta era la peor degradación para un hombre de tradición judía, porque los cerdos eran considerados animales impuros.

En resumen, este joven representa a alguien que ha caído hasta lo más bajo. Está viviendo en una escandalosa inmoralidad y está residiendo como hombre judío en un país gentil entre cerdos impuros. Y es tan indigente que si pudiera, se comería el mismo alimento de los cerdos. Para los judíos del Oriente Medio antiguo, sería imposible imaginar una situación más espantosa y desesperante.

El principio del arrepentimiento

En ese momento, el hijo "[vuelve] en sí", y dice: "¡Cuántos jornaleros en casa de mi padre tienen abundancia de pan, y yo aquí perezco de hambre!" (v. 17). Seguramente, había hecho todo lo posible para no pensar en su padre mientras se deleitaba en su estilo de vida desenfrenado. Pero ahora se ha quedado sin nada. La tierra está experimentando un período de hambruna, y él se está muriendo de hambre. Cuando llega a este punto, despierta a la realidad de dónde lo había llevado el pecado, y finalmente empieza a pensar con más sensatez.

Es interesante notar aquí que el joven piensa en su padre. Es en ese momento cuando empezamos a ver el principio del arrepentimiento, que empieza con la evaluación sensata de la condición de este pecador. El hijo empieza a darse cuenta de que no tiene recursos para salir de la difícil situación en la que se encuentra. Se está muriendo de hambre y nadie le da nada. Todo esto lleva al hijo a evaluar sinceramente su situación. Y eso, a su vez, lo lleva al principio del arrepentimiento.

La generosidad del padre

El primer pensamiento del hijo es: "¡Cuántos jornaleros en casa de mi padre tienen abundancia de pan, y yo aquí perezco de hambre!" (v. 17). Su reflexión nos dice mucho acerca de su padre. En aquella época, se contrataba a jornaleros que trabajaban por día. Estos jornaleros pertenecían al nivel más bajo de la escala social. Básicamente, eran individuos pobres que, en su mayoría, eran inexpertos. Por lo general, trabajaban en base a un jornal diario. Hacían trabajos temporales para otros, tales como recoger la cosecha. Y ganaban un salario mínimo con lo que apenas podían sobrevivir.

Entonces, ¿qué recuerda el hijo acerca de su padre? Que lo que les pagaba a sus obreros era más que suficiente. Es decir, que su padre era generoso. Les pagaba más que el mínimo para que los obreros pudieran sobrevivir. Esto indica que era afectivo, bueno y generoso. Evidentemente, cumplía la ley del Antiguo Testamento, que mandaba no retener el salario del jornalero en su casa hasta la mañana (Levítico 19:13). Si alguien contrataba a un obrero para trabajar para él, y éste dependía de ese trabajo para vivir y tener dinero para su manutención y la de su familia, se le debía pagar el mismo día que realizaba el trabajo.

Que el padre hiciera más de lo que requería la ley del Antiguo Testamento revela que era generoso. El hijo recuerda eso y reconoce que su padre no es un hombre duro o indiferente. Su padre es bueno; lo ha visto con sus propios ojos. No conoce a nadie como él, y no tiene a nadie a quién recurrir.

Sería fácil suponer que dado que el hijo había deshonrado y desprestigiado categóricamente al padre de una manera tan pública, seguramente el padre no querría que regresara. Naturalmente, esa era la perspectiva que tenían los que escuchaban a Jesús. Pero el hijo sabe que su padre es bueno. Sabe que su padre no es vengativo, sino complaciente y misericordioso.

El dilema que enfrenta el hijo

Conocemos un poco más sobre la situación de los trabajadores contratados de aquella época por la historia de Jesús sobre los obreros en Mateo 20. Allí, leemos sobre un hacendado "que salió por la mañana a contratar obreros para su viña" (v. 1), y convino pagar a cada obrero un denario por día de trabajo. Luego salió otra vez a las 9:00 am, a las 12:00 pm y a las 3:00 pm para contratar más obreros. Al final del día, le pagó un denario a cada uno, independientemente de la cantidad de horas que cada uno había trabajado. Al fin y al cabo, los obreros que trabajaban por día no estaban en condiciones de negociar; ellos estaban a merced de los términos que establecía la persona que los contrataba.

En realidad, los jornaleros tenían un nivel más bajo que los esclavos en la escala social, porque los esclavos vivían con la familia, eran parte del hogar y se les suplía comida y techo así como otras necesidades. Aunque, por lo general, no se les pagaba ningún salario, se los mantenía. Por el contrario, los hombres contratados debían mantenerse solos. Y sobrevivían de lo que recibían.

Sin embargo, el padre del hijo pródigo era generoso con sus obreros. Y dado que el hijo no tenía otra alternativa, decidió que era hora de regresar. Todo lo que podía hacer era humillarse, enfrentar la vergüenza y admitir su terrible pecado. Esperaba que su padre lo tratara con la misma compasión que sabía que mostraba con los pobres. No hay indicios de que el hijo tuviera alguna esperanza de volver a ganarse la aprobación o la buena disposición de su padre. Sin duda, no tenía derecho a *esperar* ninguna clase de favor. Ni podía volver a ganar lo que había despilfarrado de la riqueza y benevolencia de su padre. Lo único y lo que más esperaba era ser un obrero contratado para trabajar en los campos de su padre. Al menos tendría un trabajo estable, y no estaría sujeto al maltrato y la indigencia que había experimentado en aquella tierra lejana.

Por supuesto, los que estaban oyendo a Jesús contar esta parábola entendían todo eso y habrán dicho: "Sí, si el hijo está realmente arrepentido, que vuelva a su padre, le confiese su pecado, se humille y pida perdón. Se merece ser humillado y despreciado; solo esto es justo por la manera horrible en que trató a su padre". Estas personas vivían en una cultura de honra/vergüenza, que enseñaba que era muy importante proteger el honor de los ancianos. Y manifestaban una actitud dura y severa hacia los hijos que deshonraban a sus padres. Aunque el hijo estuviera arrepentido, y estuviera dispuesto a humillarse y a hacer lo que sea para que fuera posible la restitución, los oyentes de Jesús esperaban que a su regreso el padre lo tratara como un marginado. El hijo merecía toda la humillación y el castigo de mano de su padre.

Esperaba que su padre lo tratara con la misma compasión que él sabía que su padre mostraba para con los pobres.

Las señales de un corazón arrepentido

En el quebrantamiento del hijo vemos el corazón penitente de un pecador que está dispuesto a cambiar su vida. Solo cuando el corazón está desamparado, una persona puede ver su necesidad de salvación. Y el hijo expresa no solo su disposición a arrepentirse, sino fe en su padre; aquí vemos que el arrepentimiento está ligado a la fe. El hijo confía en la bondad, la compasión y la generosidad que ha visto en su padre. A pesar de la manera horrible en que ha deshonrado y avergonzado a su padre, sabe que su padre es un hombre perdonador. Está dispuesto a volver y pedir perdón y aceptar las consecuencias de su pecado.

Tras decidir que regresará al hogar, el joven empieza a pensar qué le iba a decir. "Me levantaré e iré a mi padre, y le diré: Padre, he pecado contra el cielo y contra ti. Ya no soy digno de ser llamado tu hijo; hazme como a uno de tus jornaleros" (vv. 18-19).

Sin duda, a estas alturas del relato de Jesús, los líderes religiosos judíos con aires de superioridad, que se encontraban entre la multitud, estarían todos asintiendo con la cabeza y diciendo: "Eso es exactamente lo que el hijo debe hacer. Debe estar a merced de su padre y pedirle permiso para trabajar como un obrero contratado. Debe colocarse en la posición más baja de la escala social, sin ninguna clase de relación con su padre; ni siquiera la que gozaría un esclavo, mucho menos un hijo. Después de todo, no tiene ningún derecho de volver al hogar".

En aquella cultura, lo que el hijo estaba por hacer era profundamente humillante y embarazoso en extremo, receptor del odio y la vergüenza pública. Pero el hijo pródigo determinó que lo haría sin importar las consecuencias. De hecho, fíjate qué severo es con la crítica que hace de sí mismo: "he pecado contra el cielo y contra ti" (v. 18). El texto original griego aquí podría dar a entender: "Mis pecados han llegado hasta el cielo". El hijo se da cuenta de la magnitud de su transgresión. Encontramos un espíritu de arrepentimiento similar en una oración de intercesión a favor de Israel, que hizo Esdras algunos siglos antes: "Dios mío, confuso y avergonzado estoy para levantar, oh Dios mío, mi rostro a ti, porque nuestras iniquidades se han multiplicado sobre nuestra cabeza, y nuestros delitos han crecido hasta el cielo" (Esdras 9:6).

En la confesión del hijo, encontramos la señal de un verdadero arrepentimiento. Él estaba diciendo: "Mi vida ha sido un desastre total. Estoy frente a la muerte, y nadie tiene la culpa; fui yo que me rebelé; malgasté mi vida; deshonré a mi padre. Mis pecados han crecido tanto, que han llegado a la misma presencia de Dios". El verdadero arrepentimiento no esconde nada y no ofrece excusas. Así es el arrepentimiento; el pecador recibe una abrumadora convicción con respecto a su propia condición.

Mientras el hijo pensaba en las palabras que le diría a su padre, sintió la clara convicción de que merecía ser excluido de su familia para siempre y toda una vida de humillación y trabajo servil. Pero estaba tan hastiado de su pecado y tan consciente de las consecuencias de su pecado, que estaba regresando al hogar para dar la cara con una actitud totalmente opuesta al fanfarrón arrogante que había sido cuando se marchó.

Evidentemente, este era un verdadero remordimiento. El brillo y la seducción de la tierra lejana ya no estaban. El estilo de vida libertino, que había disfrutado, se había convertido en una esclavitud terrible y abrumadora. Sus sueños se habían convertido en pesadillas; su placer se había convertido en dolor; la diversión se había convertido en aflicción; la realización personal se había convertido en su propia privación. La fiesta se había terminado para siempre. Finalmente, había llegado al límite de sí mismo.

Aquí la enseñanza no es que todo pecador espera hasta tocar fondo para arrepentirse. Eso no era lo que quería enseñar Jesús. Él quería enfatizar la naturaleza de la respuesta del padre para con su hijo, la cual veremos en un momento. Jesús quería aclarar que si bien el hijo había cometido la peor de las ofensas contra su padre, aun así estaba dispuesto a perdonarlo por completo. Esto les haría ver a los que escuchaban a Jesús que si Dios puede perdonar por completo incluso a los peores pecadores, hay esperanza para cualquiera que se arrepienta, no importa cuán vil haya sido su pecado.

Un giro inesperado de los sucesos

Lo que sucede después es asombroso:

> Y levantándose, vino a su padre. Y cuando aún estaba lejos, lo vio su padre, y fue movido a misericordia, y corrió, y se echó sobre su cuello, y le besó (v. 20).

En ese momento, si los líderes religiosos judíos con aires de superioridad seguían allí, probablemente se habrán escandalizado. No habrán podido creer lo que Jesús acababa de decir. Eso era mucho más de lo que podían tolerar.

Después de todo, el hijo había actuado vergonzosamente y la justicia demandaba un castigo. Además, el muchacho no había hecho nada para ganarse la posición de criado que estaba pidiendo; mucho menos merecía el perdón inmediato. Y una total reconciliación estaba fuera de toda consideración. De acuerdo a las costumbres de la época, el padre tenía todo el derecho de rechazar a su hijo y dejarlo sentado fuera de la puerta de la casa de la familia durante varios días, a la vista del público, mientras la gente de la ciudad lo colmaba de desprecio. Después, cuando el padre finalmente abría la puerta, el hijo debía inclinarse y besar los pies de su padre. Momento en el cual, el padre le diría de una manera severa qué trabajos tendría que hacer para demostrar que su arrepentimiento era real. Entonces, y solo entonces, se le podía conceder su pedido de trabajar como un obrero contratado. Eso era lo que enseñaban los rabinos judíos: debía pagar el precio de la restitución y ganarse la misericordia.

La atenta expectativa del padre

Sin embargo, eso no fue lo que sucedió. De hecho, en la mente de los oyentes de Jesús, lo que ocurrió solo podía describirse de escandaloso: "Y cuando aún estaba lejos, lo vio su padre, y fue movido a misericordia, y corrió, y se echó sobre su cuello, y le besó" (v. 20). El padre tuvo el temple de correr hasta donde estaba su hijo. Obviamente, para que el padre viera al muchacho mientras todavía estaba lejos, debió haber estado esperando ansiosa y constantemente su regreso. Esto nos muestra cuán grande era el amor del padre por su hijo.

Imagínate la escena: es de día, el padre ve a su hijo a la distancia y corre hacia él. Dado que esto sucede durante el día, la ciudad debe haber estado repleta de gente. Debe haber estado llena de mujeres y niños y personas mayores y cualquiera que no estuviera trabajando en los campos vecinos. De modo que el padre corrió a plena vista de todas esas personas, quienes se asombraron al ver su reacción.

La protección amorosa del padre

¿Por qué corrió el padre? Muy simple, quería alcanzar a su hijo antes que llegara a la aldea. El padre no solo quería propiciar la reconciliación, igual que el pastor que encontró la oveja perdida y la mujer que encontró la moneda perdida (Lucas 15:1-10); él quería alcanzar a su hijo antes que todas las personas de la ciudad pudieran atacarlo. El padre estaba dispuesto a recibir el desprecio en lugar de su hijo. Estaba dispuesto a dejar que las personas dijeran: "¿Qué está haciendo este padre? Su hijo lo deshonró, y ahora se está deshonrando a sí mismo aún más al abrazar a su hijo miserable". El padre sabía cuáles eran las expectativas culturales, pero no le importaba. Él quería proteger a su hijo.

Esto se vuelve más evidente cuando observamos que el padre "fue movido a misericordia" por su hijo (v. 20). No solo misericordia por los pecados pasados o la inmundicia presente de su hijo, sino por el peligro que estaba por experimentar cuando llegara al pueblo. El término griego traducido "misericordia" viene de la raíz de una palabra que hace referencia a los intestinos, las entrañas, el abdomen. El padre sintió un dolor en sus entrañas cuando vio a su hijo y se dio cuenta de la reacción de ira y desprecio que todos tendrían hacia él. De modo que corrió para protegerlo.

El padre estuvo dispuesto a desprestigiarse

¿Por qué se horrorizaron tanto los pobladores cuando vieron al padre correr? Porque en el Oriente Medio antiguo, los nobles no corrían. Era poco digno. El hombre pudiente contrataba corredores para entregar los mensajes y hacer los mandados por él. Siempre caminaba erguido de manera señorial. Para correr tenía que levantarse el borde de su túnica y poner al descubierto sus pantorrillas, lo cual lo hacía ver ridículo, inmaduro y falto de compostura. Ningún hombre honorable haría eso en público; especialmente bajo estas circunstancias, en las que le estaba dando la bienvenida a un hijo que lo había avergonzado tanto. Sencillamente, no se hacía. De hecho, esto estaba tan arraigado en la cultura de Oriente Medio, que durante siglos las traducciones árabes de la Biblia no decían que el padre corrió. Es como si los traductores quisieran evitar esta humillante verdad.

La palabra traducida "corrió" es una forma del verbo griego *trecho*, que habla de correr una carrera. En realidad, corrió a toda velocidad. Es como si el padre estuviera impaciente y no pudiera esperar hasta llegar a donde estaba su hijo. No fue trotando o arrastrando los pies; sino que corrió hasta su hijo a toda velocidad.

Por lo tanto, el padre corre hasta su hijo y se expone a la vergüenza y el desprestigio, al transgredir las expectativas fundamentales de la cultura. Está dispuesto a pasar vergüenza a fin de proteger a su hijo de la vergüenza. Se arriesga a recibir la burla y la difamación de sus pobladores vecinos, para que su hijo no tenga que soportarlo. Y cuando alcanza a su hijo, aun para más asombro, lo abraza. Se cuelga del cuello de su hijo, le da un gran abrazo y lo besa (v. 20), aunque su hijo está sucio, harapiento y, seguramente, apesta a cerdos. Esta extraordinaria bienvenida nos muestra que el padre había estado sufriendo en silencio por su hijo durante todo el tiempo que había estado ausente. Y ahora, su inmenso amor por el muchacho está a la vista de todo el público.

A estas alturas, los que escuchaban a Jesús deben haberse horrorizado por completo. Toda aquella demostración de amor del padre hacia el hijo pródigo tuvo lugar antes que éste tuviera la oportunidad de expresar su detallada y bien pensada confesión al padre. ¡Aquella no era la clase de bienvenida que los oyentes de Jesús esperaban!

Una ilustración del amor de Dios por los pecadores

¿Quieres saber cuán ansioso está Dios de recibir a un pecador? Lo vemos aquí en la manera en que el padre recibió a su hijo. Dios correrá sobre el polvo y pasará vergüenza. Abrazará al pecador con toda su fuerza y lo besará. Algunas personas ven a Dios como un Salvador reacio; pero no lo es. Todo el cielo se regocija cuando un pecador se arrepiente y pide perdón.

Este giro inesperado en la historia de Jesús no era para nada ortodoxa. Iba contra todo lo que la cultura enseñaba. El padre se había humillado públicamente por el profundo amor que sentía por su hijo. Había corrido sobre el polvo de la aldea para proteger a su hijo del desprecio y la vergüenza de todos. Había abrazado a su hijo y lo había besado aunque todavía estaba sucio y harapiento. El padre estaba haciendo exactamente lo que Jesús hizo por nosotros. Jesús vino a nuestra aldea para sufrir el acoso y la vergüenza, y abrazarnos, besarnos y reconciliarnos con Él.

Una ilustración de la salvación por gracia

Los oyentes de Jesús estaban más que sorprendidos por el hecho de que el padre colmara de amor a su hijo sin exigirle ningún trabajo o restitución de su parte. Observa lo que pasó cuando el hijo comenzó a decirle lo que había pensado: "Padre, he pecado contra el cielo y contra ti, y ya no soy digno de ser llamado tu hijo" (v. 19); el padre interrumpió con una serie de rápidas instrucciones a sus criados.

Una ilustración de la restauración total

La magnitud del perdón del padre se hace evidente en lo que le dice cuando interrumpe la confesión de su hijo. Su claro objetivo no es mostrar al hijo apenas un poco de misericordia. El padre no solo perdona totalmente y restaura al pródigo arrepentido; ¡sino que intenta de todas maneras *honrar* al hijo que lo había avergonzado!

> **Algunas personas ven a Dios como un Salvador reacio, pero no lo es.**

> Sin embargo, su padre dijo a los sirvientes: "Rápido, traigan la mejor túnica que haya en la casa y vístanlo.

> Consigan un anillo para su dedo y sandalias para sus pies. Maten el ternero que hemos engordado. Tenemos que celebrar con un banquete, porque este hijo mío estaba muerto y ahora ha vuelto a la vida; estaba perdido y ahora ha sido encontrado". Entonces comenzó la fiesta (vv. 22-24, NTV).

Hay una tremenda importancia simbólica aquí. El hecho de que el padre le diera una túnica, un anillo y sandalias a su hijo, tenía un significado muy claro para la multitud que escuchaba esta parábola. En aquella época, cada noble tenía una túnica finamente bordada, que estaba reservada solo para las ocasiones más especiales. El término griego usado aquí significa "vestidura de primera categoría". Al ponerle esta túnica a su hijo, el padre, increíblemente, le estaba concediendo un gran honor. ¡Lo que es más, el padre hizo esto a pesar de la suciedad y la inmundicia de su hijo!

Después, el padre pone un anillo en la mano de su hijo. Este debió haber sido un anillo insigne, que llevaba el sello o insignia de la familia. Este tipo de anillos se usaban para imprimir la insignia de la familia en la cera de los sellos, que colocaban en los documentos oficiales. De modo que el anillo era un símbolo de autoridad. El padre había concedido su propia autoridad al hijo.

Y finalmente, colocó sandalias en sus pies. En ese entonces, las sandalias, por lo general, eran para los amos y sus hijos, no para los esclavos o los obreros contratados. Esto significaba que el padre había restaurado totalmente al joven a su posición de hijo.

La túnica, el anillo y las sandalias eran una manera de decir: "Lo mejor de todo lo que tengo eres tú. Has sido totalmente restaurado como mi hijo". Le había devuelto al joven todos los derechos y privilegios de un hijo. Al perdonar a su hijo, el padre no le estaba reteniendo nada.

Por lo tanto, es normal que los oyentes de Jesús estuvieran espantados. Este padre estaba quebrantando muchas de las estrictas costumbres culturales y expectativas de la época. No le importaba en absoluto su propio honor. De hecho, colmó de honores a un hijo, que no se merecía ninguna muestra de su favor. Todo esto confundió en gran manera a la multitud. La percepción de la gente era que el pecador debía ganarse el favor de Dios por sus obras y la ley. Jesús estaba ilustrando el principio de Efesios 2:8-9: "Porque por gracia sois salvos por medio de la fe; y esto no de vosotros, pues es don de Dios; no por obras, para que nadie se gloríe". Y Tito 3:5-7: "nos salvó, no por obras de justicia que nosotros hubiéramos hecho, sino por su misericordia, por el lavamiento de la regeneración y por la renovación en el Espíritu Santo, el cual derramó en nosotros abundantemente por Jesucristo nuestro Salvador, para que justificados por su gracia, viniésemos a ser herederos conforme a la esperanza de la vida eterna".

Hay un significado simbólico aún mayor detrás de los regalos que el padre dio a su hijo menor. Tradicionalmente, según la cultura de la época, la túnica y el anillo tendrían que haber sido para el hijo mayor. O el padre tendría que haber guardado la túnica para usar en la boda de su hijo mayor. En aquella época, el matrimonio del hijo mayor era la celebración más importante que podía suceder en una familia. Y el anillo, que significaba la autoridad legal de hacer negocios oficiales para la familia, también tendría que haber sido para él. Dado que el hijo menor ya había gastado su parte de la herencia, todo lo que aún quedaba tendría que haber sido para el hijo mayor.

Sin embargo, como el padre todavía estaba vivo y era el patriarca de la familia, podía hacer lo que quisiera con las posesiones que, técnicamente hablando, todavía eran de él. Al dar la túnica, el anillo y las sandalias a su hijo menor, estaba transmitiendo un mensaje claro a todos los pobladores: el joven había recuperado todos los privilegios que le corresponden al hijo de un noble. Volvía a tener pleno acceso a los tesoros de la familia. Había sido totalmente perdonado y la reconciliación había sido inmediata y total. No hubo ningún período de espera durante el cual el hijo tuviera que demostrar, por medio de un duro trabajo, que estaba arrepentido.

El hijo fue a su padre sin nada que ofrecer. Había reconocido su estado de total indigencia. No había vuelto con una valija en su mano. Así es como vuelve a Dios el pecador arrepentido. ¿A quién justifica Dios? "Mas al que no obra, sino cree en aquel que justifica al impío, su fe le es contada por justicia" (Romanos 4:5). Dios perdona a aquellos que vienen a Él con las manos vacías. Una persona no puede hacer nada para ganarse el perdón y la gracia de Dios.

¿Cuál es el mensaje de Jesús aquí? La gracia triunfa sobre el peor de los pecados. La historia no es acerca de un pecador que cae hasta semejante profundidad de desesperación; sino que la gracia puede cubrir nuestros pecados. La historia nos muestra el perdón inmerecido, la condición inmerecida como hijo y el honor inmerecido sin ninguna obra o restitución. Semejante muestra de amor y gracia concedida al pecador penitente que confía en el padre es admirable. Y no coincide con las expectativas de una cultura legalista.

Una ilustración del gozo expresado cuando un pecador se arrepiente

Entonces el padre convocó a una gran fiesta:

> Y traed el becerro gordo y matadlo, y comamos y hagamos fiesta; porque este mi hijo muerto era, y ha revivido; se había perdido, y es hallado. Y comenzaron a regocijarse (Lucas 15:23-24).

En ese entonces, la familia de los nobles reservaba un becerro, que se engordaba para una ocasión realmente especial, como la boda o la visita de un importante dignatario. El padre estaba tan gozoso por el regreso de su hijo, que lo tomó como si fuera el suceso más importante en la historia de la familia o la aldea. Un becerro engordado podía alimentar a una gran cantidad de personas —como 200 o más—; de modo que el padre podría haber invitado a toda la aldea a celebrar con él.

En esta celebración vemos la ilustración del regocijo que tiene lugar en el cielo por un pecador que se arrepiente (Lucas 15:7). De hecho, anteriormente en Lucas 15, el pastor que encontró a su oveja perdida dijo a sus amigos y vecinos: "Gozaos conmigo, porque he encontrado mi oveja que se había perdido" (v. 6). Y la mujer que encontró su moneda perdida llamó a sus amigas y vecinas y les dijo: "Gozaos conmigo, porque he encontrado la dracma que había perdido" (v. 9). Aquí, el padre llamó a todos los pobladores a regocijarse con él por el regreso de su hijo al hogar. Les dijo: "hagamos fiesta; porque este mi hijo muerto era, y ha revivido; se había perdido, y es hallado. Y comenzaron a regocijarse" (vv. 23-24).

¿Qué quiso decir el padre cuando expresó "porque este mi hijo muerto era"? Cuando el hijo se había marchado a la tierra lejana, lo había hecho en total rechazo de su padre y su familia. Por consiguiente, era casi imposible que alguna vez regresara. Motivo por el cual es probable que la familia lo hubiera considerado muerto, y en aquella cultura, a veces, en situaciones de este tipo se realizaba un servicio fúnebre. Pero ahora el hijo ha regresado y "ha revivido". Y acorde al mensaje del evangelio, el hijo no tuvo que hacer nada para recuperar su vida. Sino que su padre le concedió todos los derechos y privilegios de un hijo, sin que tuviera que pagar ningún precio. El padre lo abrazó, lo besó y lo restauró a su posición de hijo.

Por lo tanto, esta celebración no era tanto por lo que el hijo había hecho, sino por lo que el padre había hecho. Fue el padre quien restauró al hijo a la bendición por medio de la misericordia del perdón y la gracia del amor. El padre mostró una bondad inaudita, un amor sacrificial y una gracia abundante. El hijo, que básicamente estaba muerto, ahora estaba vivo y disfrutaba de una verdadera relación con su padre, que lo hizo heredero de todo lo que poseía. El hijo le confió su vida al padre, y el padre le confió sus recursos al hijo, que ahora estaba en la casa del padre. Esto es lo que nos sucede a nosotros como cristianos.

Dios recibe al pecador que acude a Él en arrepentimiento y fe. En Juan 6:37, Jesús dijo: "Todo lo que el Padre me da, vendrá a mí; y al que a mí viene, no le echo fuera". La gracia del perdón de Dios es abundante. Él reemplaza los harapos inmundos por su propia túnica de justicia. Nos da honor, respeto, autoridad, total acceso a sus tesoros y el pleno derecho de representarlo. Como 2 Corintios 5:20 dice, somos sus embajadores.

Dios no es un Salvador reacio. Él corre a abrazarnos y besarnos. Nos trata como si fuéramos miembros de la realeza y se apresura a colocarnos una túnica, un anillo y sandalias. Y convoca a todos los que habitan en el cielo a ir y celebrar con Él cuando un pecador se reconcilia con Él. ¡Y hace esto cada vez que un pecador se arrepiente!

Sigue el ejemplo de Dios

Por lo tanto, ¿cómo puedes poner en práctica esto como padre? La parábola del hijo perdido nos ofrece una demostración vívida de la clase de amor que debemos mostrar para con un hijo rebelde. No estoy diciendo que debes aprobar su mal comportamiento. Sino que debes estar dispuesto a concederle el perdón y la gracia mientras esperas que vuelva en sí con un corazón arrepentido. Debes mostrarle un amor como el de Cristo mientras esperas que eso suceda. Sé paciente y bueno con él. Sigue el ejemplo del inagotable amor de Dios por los pecadores.

Aquellos que escuchaban la historia de Jesús pensaban que el joven debía hacerse responsable por la manera vergonzosa en que había tratado a su padre. Ellos esperaban que el hijo tuviera que trabajar duro para volver a ganarse su lugar en la familia. Del mismo modo, nuestra inclinación humana es guardar resentimiento contra nuestros hijos cuando nos rompen el corazón. Cuando nos causan dolor en la vida, nuestra tendencia es desquitarnos con ellos de alguna manera y hacerles pagar por lo que han hecho.

Pero nuestro Padre celestial no nos trata así cuando acudimos a Él y le pedimos perdón. Él nos recibe con los brazos abiertos. Nos cubre con su gracia y su misericordia inmediatamente. Es un Salvador bien predispuesto, no reacio.

Esta actitud del corazón no solo es pertinente para los hijos que rechazan substancialmente nuestra autoridad paternal, como sucedió con el joven de Lucas 15. Como padres, necesitamos mostrar esta actitud también en casos de rebeldía temporaria. No importa cuál sea la situación, cuando un hijo se arrepiente, es hora de mostrar la misma gracia abundante que recibimos de Dios cuando fuimos a Él por nuestra salvación. Y es hora de recordar y agradecer por la increíble bondad de Dios con nosotros.

[La valentía] no viene por naturaleza, sino por gracia, es un don de Dios; Él es quien da fuerza y poder a sus hijos, no tan solo fuerza física, sino también espiritual; Él es quien los ciñe de fuerzas, con una fortaleza santa y los llena de valentía espiritual, fortalece su corazón y los hace fuertes contra sus enemigos espirituales.[14]

John Gill

14. John Gill, *A Body of Practical Divinity*, 2 vols. (Londres: Thomas Tegg, 1839), 2:519.

Capítulo 6

Un llamado a padres fuertes y valientes

Es notable cuánto énfasis hay en la Biblia sobre el tema del liderazgo. De hecho, desde el mismo principio de la creación, Dios estableció la necesidad del liderazgo en la especie humana. En el primer matrimonio, que fue entre Adán y Eva, Dios designó a Adán como el líder. Y a medida que se desarrolla el plan redentor de Dios a través de las páginas de las Escrituras, vemos no solo que los esposos y padres eran los líderes de su familia; sino que los patriarcas, los profetas, los sacerdotes, los jueces, los reyes y los líderes militares eran escogidos como líderes o ejercían el liderazgo de otras instituciones humanas de diversas dimensiones, incluso de naciones enteras.

Luego, en las páginas del Nuevo Testamento, vemos al más grande de todos los líderes: Jesucristo. Tras comenzar su ministerio oficial, Jesús escoge a doce hombres, a quienes entrenaría para que continuaran su obra después que Él ascendiera al cielo. Y ellos, con la ayuda de la presencia del Espíritu Santo en sus vidas, deberían entrenar aun a más líderes para la iglesia, de tal modo que el proceso pudiera continuar a través de los siglos hasta hoy. Esta es una de las principales responsabilidades del líder: levantar futuras generaciones de líderes. El apóstol Pablo encargó a Timoteo esta tarea cuando le dijo: "Lo que has oído de mí ante muchos testigos, esto encarga a hombres fieles que sean idóneos para enseñar también a otros" (2 Timoteo 2:2).

Sin embargo, la forma más fundamental de liderazgo para toda la sociedad está en el liderazgo del esposo y el padre en el hogar. Desde Adán y Eva, Dios designó la relación matrimonial entre un hombre y una mujer como la primera institución humana y, por lo tanto, es el cimiento clave más importante de la sociedad. En el orden de la creación, dado que Dios primero creó a Adán y luego creó a Eva como su ayuda idónea (Génesis 2:18; 1 Corintios 11:3; Efesios 5:22-33), al hombre se le concedió la autoridad en la relación matrimonial y la familia. Como vimos anteriormente en este libro, el hombre debe cumplir el rol del liderazgo al mostrar el amor de Cristo por su esposa y criar a sus hijos en la disciplina y amonestación del Señor. Finalmente, el liderazgo del padre en el hogar es el que influencia, de una manera significativa, la clase de futuros líderes que tendremos en nuestra sociedad. Los futuros líderes dependen de la función de los padres. Esto hace que sea crucial tener un fuerte liderazgo en el hogar.

Los futuros líderes dependen de la función de los padres.

Como ya hemos visto, en lo que se refiere a la crianza de los hijos, la máxima prioridad del padre es el liderazgo *espiritual*.

Con eso en mente, cada vez que las Escrituras enseñan principios para un buen liderazgo espiritual, los padres pueden aprender mucho sobre cómo ejercer un buen liderazgo en el hogar. De hecho, hay veces cuando la Biblia habla de las responsabilidades de un líder espiritual como las de un padre. De modo que no debería sorprendernos que muchos de los principios para un buen liderazgo espiritual sean los mismos principios para ser un buen padre.

El apóstol Pablo comparó su propio liderazgo espiritual en

la iglesia con la tarea que los padres hacen en el hogar. De las ilustraciones de Pablo en este pasaje podemos aprender algunas lecciones valiosas sobre cómo los padres deben cumplir el llamado de Dios.

El liderazgo de la iglesia es análogo al de la paternidad

En 1 Tesalonicenses 2:7-12, Pablo habló a los cristianos de Tesalónica sobre la clase de liderazgo que él y sus compañeros de ministerio ejercieron durante su estadía en la ciudad. Lo particularmente interesante es que él comparaba su forma de liderazgo con la forma en que una madre y un padre cuidan a sus hijos:

> Antes fuimos tiernos entre vosotros, *como la nodriza* que cuida con ternura a sus propios hijos. Tan grande es nuestro afecto por vosotros, que hubiéramos querido entregaros no sólo el evangelio de Dios, sino también nuestras propias vidas; porque habéis llegado a sernos muy queridos... Vosotros sois testigos, y Dios también, de cuán santa, justa e irreprensiblemente nos comportamos con vosotros los creyentes; así como también sabéis de qué modo, *como el padre* a sus hijos, exhortábamos y consolábamos a cada uno de vosotros, y os encargábamos que anduvieseis como es digno de Dios, que os llamó a su reino y gloria (vv. 7-8, 10-12).

De modo que aquí Pablo está ilustrando su liderazgo espiritual con la naturaleza de un padre. En otras partes del Nuevo Testamento encontramos otras ilustraciones usadas en referencia a los líderes espirituales; se los describe como pastores (1

Pedro 5:1-4), mayordomos (1 Corintios 4:1-2), heraldos (1 Timoteo 2:7), maestros (2 Timoteo 2:2) e incluso esclavos (1 Corintios 3:5-9). Cada una de estas metáforas está llena de significado y enfatiza cierto aspecto del liderazgo espiritual.

En 1 Tesalonicenses 2: 7-12, las metáforas que Pablo escogió fueron las de una madre y un padre. Usó la figura de una madre para ilustrar el cuidado suave, y usó la imagen de un padre para ilustrar la autoridad fuerte. Aquellos que están en el liderazgo espiritual deben ejemplificar ambas cualidades hacia quienes lideran. Lo que hace poderosas las ilustraciones de Pablo es que todos pueden entender a qué se refiere con el cuidado de una madre y un padre. Estas son metáforas que todos comprenden.

De modo que al leer 1 Tesalonicenses 2:10-12, donde Pablo habló de sí mismo "como [un] padre", nos resulta útil, como padres, la descripción del tipo de liderazgo que debemos ejercer en el hogar. Aunque la intención de Pablo en este pasaje es describir el tipo de liderazgo espiritual que él ejerció en la iglesia de Tesalónica, es instructivo para nuestro rol como padres.

¿Qué hace a un verdadero hombre?

Si les preguntáramos a las personas cuál creen que es la virtud fundamental de la hombría, obtendríamos muchas respuestas diferentes. Nuestra sociedad tiene toda clase de expectativas y percepciones sobre lo que debería ser un hombre; y muchas de ellas son contradictorias o confusas. Por eso es útil acudir a la Biblia y ver qué dice. Y de hecho, encontramos una declaración muy interesante del apóstol Pablo en 1 Corintios 16, que nos da la respuesta que estamos buscando.

Si conoces algo acerca de la iglesia del Nuevo Testamento en Corinto, recordarás que era una iglesia que hacía concesiones. Los miembros eran espiritualmente débiles y toleraban el pecado en su propia vida y en la vida de los demás. Después de abordar estos problemas, Pablo concluyó el libro de 1 Corintios con esta exhortación:

> Velad, estad firmes en la fe; portaos varonilmente, y esforzaos (16:13).

Hoy día, cuando vemos cómo actúan los hombres, vemos un amplio espectro de comportamientos. Se ha generalizado especialmente la manera en que se representa a los hombres en los espectáculos de televisión: haraganes, torpes, incultos y, por lo general, ineptos como esposos y padres. Luego, están aquellos que desean erradicar las distinciones que Dios ha hecho entre el hombre y la mujer y les dicen a los hombres que deberían "apelar más a su lado femenino". Pero esa sabiduría humana fallida solo desdibuja las cualidades características únicas que Dios ha diseñado para que el hombre use por el bien de la familia, el hogar, el lugar de trabajo, etc.

Entonces, ¿cómo deben actuar los hombres? Pablo nos da una respuesta directa en 1 Corintios 16:13: "portaos varonilmente, y esforzaos".

Vale la pena observar que la palabra griega traducida como "portaos", significa "comportarse valientemente". La idea aquí es que los hombres deben ser valientes y fuertes. En el contexto del libro de 1 Corintios, Pablo estaba instando a sus lectores a tener fuerza de convicción y valentía para sostenerla.

Esta es la virtud más básica de la hombría. Esto es lo que tú, como padre, debes brindar a tu hogar: valentía y fuerza. Debes ser fuerte en tus convicciones, de tal modo que aportes certeza, confianza y estabilidad en el hogar.

Hoy día muchos hombres son débiles y se sienten desanimados y superados. Dudan de sus convicciones espirituales. Como consecuencia, no brindan el tipo de liderazgo y dirección que la familia necesita tan desesperadamente en el mundo de hoy.

Un padre debe enfrentar la vida con valentía. Debe creer ciertas verdades y adoptar una postura firme con respecto a ellas. Debe cumplir ciertas responsabilidades y llevarlas a cabo no importa la oposición que enfrente. Debe hacer lo que las Escrituras dicen que está bien, aunque signifique pagar un precio. Debe tomar las decisiones difíciles que sean necesarias, en vez de estar a la deriva hacia donde la cultura de hoy lo quiera llevar. Estas son las cosas que hacen que un hombre sea hombre. Y hacen de él la clase de padre que sus hijos necesitan para poder crecer "en disciplina y amonestación del Señor" (Efesios 6:4).

Sé fuerte y valiente

La frase griega traducida como "portaos varonilmente" en 1 Corintios 16:13 no aparece en ninguna otra parte del Nuevo Testamento; pero la encontramos en la traducción griega del Antiguo Testamento, conocida también como Septuaginta. Aparece en Deuteronomio 31, donde vemos que Moisés, a sus 120 años, está hablando a la nación de Israel y se está preparando para entregar las riendas del liderazgo a Josué. Cuando Moisés habla al pueblo a fin de prepararlo para entrar a la tierra prometida, le dice: "¡Se fuerte y valiente!". La terminología aquí, en la Septuaginta, es la misma que se encuentra en 1 Corintios 16:13. Moisés sigue diciendo:

> ¡Así que sé fuerte y valiente! No tengas miedo ni sientas pánico frente a ellos, porque el Señor tu Dios, él mismo irá delante de ti. No te fallará ni te abandonará (v. 6 NTV).

Luego Moisés llama a Josué y le dice, frente a todo Israel,

"¡Sé fuerte y valiente!" (v. 7, NTV). Así deben comportarse los hombres. Deben ser fuertes, valientes, decisivos y tener fuerza de convicción y virtud. Deben tener la clase de valentía que se niegue a transigir o retroceder.

Encontramos una exhortación similar en 1 Reyes 2:2. El contexto es apasionante: el rey David está haciendo su última indicación a su hijo Salomón antes de morir. Esto se encuentra entre sus últimas palabras. ¿Qué era lo más importante que podía decirle a Salomón en ese momento? "Yo sigo el camino de todos en la tierra; esfuérzate, y sé hombre".

El versículo siguiente dice cómo debía seguir Salomón esa indicación. "Guarda los preceptos de Jehová tu Dios, andando en sus caminos, y observando sus estatutos y mandamientos, sus decretos y sus testimonios, de la manera que está escrito en la ley de Moisés, para que prosperes en todo lo que hagas y en todo aquello que emprendas" (v. 3). Por lo tanto, aquí vemos que ser fuerte requiere andar en los caminos y cumplir los mandamientos de Dios. Esto significa ser hombre: ser fuerte y valiente en los caminos del Señor.

Este es el tipo de liderazgo que debes ejercer en tu familia. Eres llamado a ser fuerte en tu fe, fuerte en las cosas de Dios. Debes brindar una clara dirección a tus hijos sobre cómo deben vivir. Y todo esto requerirá que seas fuerte y valiente, porque seguramente enfrentarás oposición. Cuando eso suceda, tu familia necesita verte firme, sin vacilar. No sucumbas ante los ataques del mundo, ni te sientas débil, no te intimides ni te desanimes. Es tu responsabilidad brindar el tipo de liderazgo denodado, que lleve a tus hijos a desarrollar la misma valentía y fuerza de convicción en sus propias vidas.

Esto significa ser hombre: ser fuerte y valiente en los caminos del Señor.

El origen de la fuerza de un hombre piadoso

¿Dónde está el hombre que tiene fortaleza de ánimo al enfrentar los retos difíciles, batallar contra los problemas de la vida y proceder con determinación hacia su objetivo? ¿Cómo se arma de esa fuerza y valentía?

Cuando llegó el momento de que Josué guiara a la nación de Israel a la Tierra Prometida y peleara la batalla, el Señor lo exhortó varias veces y le dijo: "Esfuérzate y sé valiente" (Josué 1:6), "esfuérzate y sé muy valiente" (v. 7), y "te mando que te esfuerces y seas valiente" (v. 9).

Pero ¿de dónde debía Josué tomar esa fuerza y valentía?

La seguridad de la presencia de Dios

Primero, observa lo que Dios le promete a Josué cuando le dio este mandamiento: "Como estuve con Moisés, estaré contigo; no te dejaré, ni te desampararé" (v. 5). Después, otra vez en el versículo 9, Dios le dijo: "No temas ni desmayes, porque Jehová tu Dios estará contigo en dondequiera que vayas".

Lo primero que le da valentía a un hombre en el liderazgo espiritual es la presencia de Dios. "Estaré contigo", dice Dios, "no te dejaré, ni te desampararé".

La búsqueda de una causa justa

Segundo, después que Dios le dijera a Josué que fuera fuerte y valiente, le dijo: "porque tú repartirás a este pueblo por heredad la tierra de la cual juré a sus padres que la daría a ellos" (v. 6). Dios ya les había prometido esta tierra a los israelitas. Él los ayudaría a conquistarla. Lo que iban a hacer estaba dentro del plan de Dios, de modo que no tenían nada que temer. Estaban participando de una causa justa.

Con respecto a nuestra manera de vivir, Dios nos da claras instrucciones en las Escrituras. Como dice Salmos 119:105:

"Lámpara es a mis pies tu palabra, y lumbrera a mi camino". Cuando Dios nos llama a hacer algo específico y obedecemos, podemos proceder a hacerlo con la confianza de que estamos buscando una causa justa. Saber que lo que estamos haciendo está bien nos da fuerza y valentía.

La promesa del poder soberano de Dios

Tercero, Dios le dijo a Josué: "Solamente esfuérzate y sé muy valiente, para cuidar de hacer conforme a toda la ley que mi siervo Moisés te mandó; no te apartes de ella ni a diestra ni a siniestra, para que seas prosperado en todas las cosas que emprendas" (Josué 1:7). El versículo 8 amplía un poco más el concepto y dice: "Nunca se apartará de tu boca este libro de la ley, sino que de día y de noche meditarás en él, para que guardes y hagas conforme a todo lo que en él está escrito; porque entonces harás prosperar tu camino, y todo te saldrá bien".

Dios prometió que cuando Josué permaneciera firme en su ley, lo bendeciría y lo haría prosperar. Dios pudo hacerle esa promesa, porque es totalmente soberano y tiene control sobre todas las cosas. Cuando somos fieles y obedecemos la Palabra de Dios, Dios nos asegura el éxito. Desde luego, el éxito es posible gracias al poder soberano de Dios.

La valentía en el liderazgo espiritual, entonces, proviene de la seguridad de la presencia de Dios, la búsqueda de una causa justa y la promesa del poder soberano de Dios sobre todas las cosas.

Cuando llega la oposición

Algunas personas dirán: "¿Pero qué pasa con las veces en que un cristiano sostiene con fuerza sus convicciones y le va mal por eso? ¿No es un problema?". No, no lo es, si ya hemos determinado que lo que vamos a hacer es correcto y bíblico. Si estamos viviendo de acuerdo con los mandamientos de Dios, podemos tener la seguridad de que Él está con nosotros y promete prosperarnos como Él quiera. Para el mundo podríamos estar fracasando; podríamos estar yendo contra la corriente. Pero según la perspectiva de Dios, estamos haciendo lo correcto.

Esta es la clase de convicción que debe tener un líder espiritual. Y en función del hecho de que el padre es el líder espiritual del hogar, es la clase de convicción que también tú debes tener. Debes ser decisivo, denodado, fuerte y valiente con respecto a lo que crees y para qué vives.

Si quieres criar a tus hijos "en disciplina y amonestación del Señor" (Efesios 6:4), debes marcar la pauta en tu hogar. Debes ser un ejemplo de fuerza y valentía. Si vives denodadamente conforme a la Palabra de Dios, sin transigir, y resistes la presión de agradar a los hombres; conducirás a tus hijos de la misma manera. No comprometas la integridad por la comodidad. No tengas temor de lo que podrían pensar los demás. Procura agradar a Dios y sostener firmemente tus convicciones para que puedas cumplir el rol de líder en tu hogar al cual Dios te ha llamado.

Esto es comportarse como un hombre.

El liderazgo de un padre

Ahora volvamos a 1 Tesalonicenses 2 y veamos la descripción que hace Pablo de los líderes espirituales como padres.

El carácter del liderazgo de un padre

El contexto general de las palabras de Pablo en 1 Tesalonicenses 2:7-12 es que había detractores que, después que Pablo se marchó de la ciudad, afirmaban que él no era diferente a los falsos maestros religiosos que habían plagado la iglesia. Sino que, sencillamente, era otro charlatán y engañador, que quería manipular a las personas, sacarles el dinero y beneficiarse de ellas.

Pablo responde a esas acusaciones recordando a los cristianos de Tesalónica sobre la autenticidad de su liderazgo. Básicamente, les escribe: "Por favor, recuerden lo que es verdad acerca de mí. Ustedes saben que no fui falso y que no les saqué nada". Después, Pablo ratifica el carácter de su liderazgo espiritual al recordar a los tesalonicenses la manera en que había vivido entre ellos. En ese momento, describe su liderazgo como el cuidado de una madre y la fuerza de un padre.

En su apelación, Pablo escribe: "Vosotros sois testigos, y Dios también, de cuán santa, justa e irreprensiblemente nos comportamos con vosotros los creyentes" (v. 10). En otras palabras, Pablo y sus compañeros en el ministerio se conducían con integridad. Un padre debe marcar la pauta de integridad para su familia.

El término traducido "santa" significa "piadosamente, devotamente". Tiene que ver con tu vida delante de Dios. Pablo dijo que él cumplió su deber como Dios quería que lo hiciera. La palabra "justa" se refiere a cómo tú respondes a la ley de Dios en tu relación con Dios y con tus semejantes. E "irreprensiblemente" habla de tu reputación delante de otras personas. Un padre debe ser justo e irreprensible.

Una integridad santa es la clave para formar hijos espiritualmente fuertes. Los padres piadosos deben estar firmemente comprometidos a vivir santa, justa e irreprensiblemente. Cuando tú demuestras integridad, valor moral y fuerza de convicción, das a tus hijos la oportunidad de imitar esas mismas cualidades de carácter. Todo empieza cuando marcas la pauta para tus hijos y eres ejemplo de integridad.

Los elementos del liderazgo de un padre

Pablo sigue diciendo: "así como sabéis de qué manera os exhortábamos, alentábamos e implorábamos a cada uno de vosotros, como un padre lo haría con sus propios hijos" (v. 11, LBLA).

Un padre exhorta al dar instrucción

El término traducido "exhortábamos" se refiere a "acompañar" o empujar a alguien hacia una línea de conducta específica. Un padre acompaña a sus hijos y los guía hacia una conducta correcta. Tal instrucción personal debe hacerse por medio de una exhortación o persuasión vehemente.

Un padre alienta por medio de la motivación

Un padre también debe "alentar" a sus hijos. En este momento es cuando la instrucción se convierte en motivación. Un padre debe apelar a las emociones y la voluntad de sus hijos y motivarlos a tomar las decisiones correctas. Debe explicarles que será difícil e instarlos a no rendirse y seguir haciendo lo correcto. Un padre piadoso busca la manera de motivar a sus hijos a caminar rectamente en la vida.

Un padre implora por medio de su testimonio

Finalmente, un padre debe comprometerse a "implorar" a sus hijos. El término griego usado aquí es *marturomenoi*, que significa "dar testimonio" o "ser testigo". En otras palabras, un padre debe decirles a sus hijos: "¿Puedo decirles algo? Yo soy un testigo personal del hecho de que si sigues ese camino, te sucederá esto. No quiero que caigas en la misma trampa que yo".

Como padre, debes velar por el bienestar de tus hijos. Tienes la responsabilidad solemne de advertirles que, cuando se desvían del curso de conducta que Dios ha estipulado, habrá serias consecuencias. Si por alguna razón tus hijos no escuchan, allí tiene lugar la disciplina.

Así es como el padre guía a sus hijos: al exhortarlos, alentarlos e implorarles. Esto significa acompañar a cada uno de ellos personalmente y enseñarle el patrón de Dios para su conducta. Significa alentarlos a ser fieles cuando las decisiones son difíciles. Y significa advertirles que hay consecuencias cuando se equivocan; consecuencias que podrían incluir una disciplina. Todo eso es parte del liderazgo que debes ejercer en tu hogar.

El objetivo del liderazgo de un padre

¿Cuál es el objetivo de exhortar, alentar e implorar a tus hijos? "Para que anduvierais como es digno del Dios que os ha llamado a su reino y a su gloria" (1 Tesalonicenses 2:12). Un padre tiene puestos sus ojos en el producto final de su paternidad. Quiere asegurarse de que, a largo plazo, sus hijos vivan conforme a las normas de Dios. Su objetivo es guiar a sus hijos hacia la madurez espiritual. De hecho, tiene en mente el futuro reino de Dios y su gloria. Les dice a sus hijos: "Esto les espera a aquellos que siguen a Dios. A la luz de todo lo que Dios ha hecho por ti, ¿no piensas que deberías vivir de la manera que Dios te ha llamado ?". Un padre les explica a sus hijos la clase de futuro que les espera cuando aceptan a Cristo por fe.

Un padre tiene puestos sus ojos en el producto final de su paternidad.

Como hacerlo posible

Por tanto, como padre es necesario que seas fuerte y valiente. Debes vivir con convicción y no vacilar cuando se levante la oposición en tu camino. Debes armarte de valentía con la seguridad de la presencia de Dios, porque sabes que estás buscando una causa justa y con la promesa del poder soberano de Dios sobre todas las cosas. Y debes transmitir tu fuerza y tu valentía al exhortar a tus hijos, al alentarlos y al implorarles. Al hacer estas cosas, estarás cumpliendo tu obligación de hacer que tus hijos anden en los caminos de Dios y actúen conforme a sus caminos.

Esta es una responsabilidad enorme. Después de leer todo esto, puede que te preguntes si serás capaz de ejercer esta clase de liderazgo. La respuesta es que sin el poder de Dios, ningún hombre puede hacerlo. ¿De dónde proviene nuestra competencia? Como Pablo dijo de su apostolado: "Y tal confianza tenemos mediante Cristo para con Dios; no que seamos competentes por nosotros mismos para pensar algo como de nosotros mismos, sino que nuestra competencia proviene de Dios" (2 Corintios 3:4-5). Es imposible ser un buen líder espiritual sin la gracia de Dios. Estos son algunos principios a tener presentes:

Reconoce tu incompetencia

Cumplir tu rol de líder espiritual en tu familia empieza cuando admites tu incompetencia y tu total dependencia de la ayuda de Dios. Como Dios dijo al apóstol Pablo en 2 Corintios 12:9: "Bástate mi gracia; porque mi poder se perfecciona en la debilidad". Cuando te rindes completamente a Dios, Él puede obrar a través de ti y ayudarte a cumplir tu deber divino como padre.

Estudia profundamente la Palabra

En 2 Timoteo 3:17, Pablo dice que el "hombre de Dios" debe ser "perfecto, enteramente preparado para toda buena obra". ¿Cuál es la preparación del hombre de Dios? Encontrarás la respuesta más atrás, en el versículo 16: "Toda la Escritura es inspirada por Dios, y útil para enseñar, para redargüir, para corregir, para instruir en justicia". Si te estás preguntando qué deberías hacer como padre, la Biblia te lo dirá. Estudia la Palabra, y te estarás preparando para ser el líder de tu familia.

Acepta el sufrimiento como parte del proceso de ablande de Dios

Primera de Pedro 5:10 dice: "Mas el Dios de toda gracia, que nos llamó a su gloria eterna en Jesucristo, después que hayáis padecido un poco de tiempo, él mismo os perfeccione, afirme, fortalezca y establezca". Dios promete perfeccionarte y afirmarte, fortalecerte y establecerte. Pero eso no es posible hasta que hayas sufrido por un tiempo. Es decir, que Dios usará los problemas y las dificultades de la vida para formarte y moldearte, de tal modo que alcances la madurez espiritual. Como cristiano, hay cosas que el sufrimiento puede lograr en ti que ninguna otra cosa puede lograr. Desde luego, eso te ayudará a ser un mejor padre.

Dedica toda tu vida a ser el líder que tu familia necesita

En 1 Corintios 9:24, Pablo pregunta: "¿No sabéis que los que corren en el estadio, todos a la verdad corren, pero uno solo se lleva el premio? Corred de tal manera que lo obtengáis". Después agrega: "yo de esta manera corro… de esta manera peleo… golpeo mi cuerpo… no sea que… yo mismo venga a ser eliminado" (vv. 26-27). En otras palabras, pon tu corazón, tu mente y tus fuerzas en correr bien la carrera. Dedícate a cumplir tus responsabilidades como líder espiritual de tu familia.

Este es el tipo de líder que Dios quiere. Y es el tipo de líder que tu familia necesita.

Todos los creyentes han luchado con estas preguntas en algún momento de su vida. *Salvos sin lugar a dudas* trata este tema difícil, examinando las Escrituras para descubrir la verdad sobre la salvación, y a la vez analizando cuestiones difíciles que pueden obstaculizar nuestra fe. Los lectores podrán desarrollar una teología de la salvación basada en la Biblia, y ser alentados a descansar de forma segura en su relación personal con Cristo.

En este libro, el pastor John MacArthur analiza a fondo numerosos pasajes bíblicos para mostrar las riquezas de Dios en Jesucristo: riquezas que nos ayudarán a seguir creciendo en la fe y en el espíritu.

Este pastor y autor reconocido lleva a los lectores a los fundamentos de la verdadera vida cristiana, a fin de que puedan descubrir los tesoros que Dios tiene para ellos en Cristo.

EDITORIAL
PORTAVOZ

NUESTRA VISIÓN

Maximizar el efecto de recursos cristianos de calidad que transforman vidas.

NUESTRA MISIÓN

Desarrollar y distribuir productos de calidad —con integridad y excelencia—, desde una perspectiva bíblica y confiable, que animen a las personas a conocer y servir a Jesucristo.

NUESTROS VALORES

Nuestros valores se encuentran fundamentados en la Biblia, fuente de toda verdad para hoy y para siempre. Nosotros ponemos en práctica estas verdades bíblicas como fundamento para las decisiones, normas y productos de nuestra compañía.

Valoramos la excelencia y la calidad
Valoramos la integridad y la confianza
Valoramos el mérito y la dignidad de los individuos y las relaciones
Valoramos el servicio
Valoramos la administración de los recursos

Para más información acerca de nuestra editorial y los productos que publicamos visite nuestra página en la red: www.portavoz.com